DIE MAGIE DES RECHTECKS

Georg Haberl / Gottfried Schlemmer (Hrsg.)

DIE MAGIE DES RECHTECKS

Filmästhetik zwischen Leinwand und Bildschirm

Europaverlag
Wien · Zürich

CIP-Titelaufnahme der Deutschen Bibliothek

Die **Magie des Rechtecks** : Filmästhetik zwischen Leinwand und Bildschirm / Georg Haberl und Gottfried Schlemmer. – Wien ; Zürich : Europa-Verl., 1991
(Kino-Vision)
ISBN 3-203-51112-6
NE: Haberl, Georg [Hrsg.]

Kino Vision – Eine Reihe der Gesellschaft für Filmtheorie, herausgegeben von Georg Haberl und Gottfried Schlemmer

Unterstützt vom Österreichischen Filmförderungsfonds und vom Bundesministerium für Unterricht und Kunst

Umschlag: Ute Strohmeier

Medieninhaber: Europa Verlag GesmbH

Hersteller: Elbemühl Graphische Industrie GesmbH
Verlags- und Herstellungsort: Wien
Printed in Austria
ISBN 3-203-51112-6

Inhalt

Vorwort

Das Kino ist heute nicht mehr der bevorzugte Ort filmischer Kommunikation. Für manche kritischen Medientheoretiker degeneriert es sogar zum »Durchlauferhitzer und zur Promotionsmaschinerie«. Am besten drückt sich die Situation, in der sich heute das Kino befindet, in den Diskussionen aus, die unter dem Kürzel HDTV (High Definition Television) laufen.

Die Argumentation wird von technischen und ökonomischen Faktoren bestimmt, denn es geht ausschließlich um günstige Positionen auf dem Weltmarkt.

Unter solchen Gesichtspunkten, die sich einem supranational geführten Kampf um Normen verdanken, erscheint das einzelne Produkt als Software ebenfalls ökonomisch und technisch gewendet, allenfalls als Marginalie, als eine leicht verfügbare, in Sendeminuten gemessene Ware.

Da die Bedürfnisse der Konsumenten von den Technikern und den Marktstrategen kaum reflektiert werden, erscheinen ihnen die technischen Innovationen schon als das Nonplusultra.

Tatsächlich besitzt aber die Entwicklung der audiovisuellen Medien eine Logik, die nicht unabhängig von gesellschaftlicher Praxis gesehen werden darf. Dieser Sachverhalt kann leicht an der Entwicklung der Zentralperspektive erklärt werden: war diese seit der Frührenaissance ein für die westliche Zivilisation nützliches System, da sie es gestattete, die Dinge aus einem Zusammenhang, wie er noch der Mikrowelt des Mittelalters entspach, zu nehmen und an sich sichtbar zu machen, so wurde diese Form der Wahrnehmung durch die Moderne in Frage gestellt. War die Renaissanceperspektive ein praktisches System, um die Dinge im Wirklichkeitsraum der frühbürgerlichen Gesellschaft verfügbar zu machen, so mußte dies in einer Zeit, in der die Massen in Bewegung gekommen sind, als »ein« Auge, was auch heißt »ein« Individuum, in eine Krise geraten.

Schon der Kinofilm verändert mit seiner Pluralität der Blickpunkte, seiner Multiperspektivität nachhaltig die Wahrnehmung des modernen Menschen, in der Computeranimation kommt es dann vollends zur Auflösung des Wahrnehmungsstandpunktes.

Bedenkt man die rasante Entwicklung der audiovisuellen Medien in den letzten Jahren, dann befremdet ein Symposium zunächst, in dem die KINOVISION im Mittelpunkt der Auseinandersetzung steht: die Frage nach der Zukunft von Film/Kino.

Doch der permanente Rückgriff auf die Kinosituation als Qualitätspegel der Bildschirmtechnik (»Kinoqualität«, »Kino für zu Hause« etc.) zeigt die andauernde Leistung der »Magie des Kinos«. Vielleicht zeigt sich daran auch ein gesellschaftspolitisches Defizit des technischen Diskurses, aber wir meinen, daß die Argumentation einer gesellschaftlichen Praxis entspringt, die das Kino als »politischen Ort« mit einer spezifischen »ästhetischen Praxis« zumindest implizit thematisiert.

Welche Möglichkeiten bietet das traditionell vermittelte Laufbild auch heute noch? Welcher Aspekt der Bilder-Sozialisation kann ausschließlich vom Kino abgedeckt werden? Was bedeutet es, daß die Zukunft des Fernsehens als »Bild an der Wand« gesehen wird?

Daß gerade mit diesem archaischen Bild für die Zukunft geworben wird, überrascht uns keineswegs. Hinter dem Begriff »Software« steht nach wie vor ein gestalteter Film, der ästhetisches Bewußtsein produziert und antizipiert. Die Rolle, die das Kino in diesem Prozeß spielen wird, kann und soll, ist aber offen.

Für das Zustandekommen sowohl des Symposions als auch des Buches haben wir dem ÖFF (österreichischer Filmförderungsfonds) zu danken.

Wien, im Winter 1990/91

Gottfried Schlemmer
Georg Haberl

Werner Faulstich

Leinwand und Bildschirm: Zwei Welten?

Thesen zur Einführung

Erstens. Die programmatische Gegenüberstellung von Kino und Fernsehen als theoretische Alternativen, wirtschaftliche, ästhetische oder umfassend mediale Alternativen, wäre falsch. Das Verhältnis der beiden Medien zueinander kann nicht theoretisch-systematisch, sondern nur historisch diskutiert werden.

Zweitens. Wer von »Film« spricht, muß Farbe bekennen: Ist der Kinofilm gemeint, der Spielfilm? Oder der Fernsehfilm, das Fernsehspiel, die Serie? Oder der Kinofilm im Fernsehen, der Fernsehfilm im Kino? Oder aber die Koproduktion, der amphibische Film? Und welches Jahr ist gemeint? Wer von »Film« spricht, muß sich terminologisch auf einen konkreten historischen Punkt beziehen. Auch generell zwingt der Blick auf die Mediengeschichte dazu, vom Medium Film auszugehen und das Fernsehen als ein ganz neues, prinzipiell anderes Medium zu begreifen. Lange vor der Frage nach dem Nebeneinander oder Gegeneinander oder Miteinander steht die Einsicht in das *Nach*einander von Kino und Fernsehen. (Das ist natürlich nicht neu. Heinz Ungureit hat dies schon vor Jahren betont. Dennoch hat sich in dieser Frage kaum etwas verändert.)

Drittens. Das bedeutet für den Film als älteres Medium in einem bestehenden Mediengeflecht zunächst einmal, daß es durch die Einführung des Fernsehens als des Folgemediums in eine neue Entwicklungsphase eingetreten ist. Schriebe man die Geschichte des Films, nicht unbedingt als Kinofilm, sondern produktorientiert und mit besonderem Blick auf seine Ästhetik, könnte man drei große Abschnitte unterscheiden: 1. den Stummfilm, den Schwarzweißfilm, den Jahrmarkt-, Keller- und Bretterbuden-Film, der manchen Cinéasten als die einzige, die wahre Kunstform des Films gilt. 2. den Tonfilm und Farbfilm, den Kinofilm, mit dem für mich als Historiker das Medium Film zu seiner ästhetischen Blüte gelangte; und 3. den multimedialen oder bildschirmuniversalen Film – ein Produkt, das in den verschiedensten Bildschirmmedien transportiert wird: im Kino ebenso wie im Fernsehen, als Video ebenso wie als Bildplatte oder per Computer. Ganz nüchtern würde ich sagen: Wir befinden uns derzeit am Ausgang der zweiten und am Beginn der dritten Phase. Denn:

Viertens. Noch niemals in der Geschichte der Medien wurde ein Medium durch ein neu hinzukommendes ganz und gar verdrängt. Wohl aber hat jedes neue Medium die Position, den Stellenwert, den Charakter und die Funktion der alten Medien mehr oder weniger verändert. Der multimediale oder bildschirmuniversale Film bedeutet also nicht das Ende des Kinos schlechthin als Vermittlungsinstanz, wohl aber einen fundamentalen Umbruch in seiner Bedeutung und seinen Eigenheiten. *Diese* sollten im Zentrum unserer Aufmerksamkeit stehen, nicht die nutzlosen Debatten um ein Konkurrenz- oder Komplementärverhältnis. So sehr ich die nostalgische Klage vieler Filmfreunde und Filmjournalisten über den angeblichen Verlust der Filmkultur als Folge der Neuen Medien verstehe - sie scheint mir ebenso nekrophil und kleinbürgerlich (und falsch) wie die Klage der Cinéasten über den angeblichen Untergang des Films zur Zeit der Entstehung des Tonfilms. Wir müssen historisch denken: Das Kino hat seine großen Vorläufermedien, Theater und Bühne, nicht verdrängt und wird seinerseits auch nicht vom Fernsehen umgebracht werden.

Fünftens. Ein Blick auf die Vor- und Frühgeschichte des Fernsehens zeigt, daß seine Entstehungsbedingungen und -umstände anders waren als diejenigen des Films, ja daß sein Verwertungskontext und die involvierten politischen und ökonomischen Interessen weniger am Medium Film als vielmehr am Medium Hörfunk ausgerichtet waren. Live-Prinzip, Aktualität, Informationscharakter, Bilddokumentarismus, Propaganda und Werbung - solche Kategorien haben beim Fernsehen neben dem Fiktions-, Spiel- und Unterhaltungscharakter von Anfang an eine entscheidende Rolle gespielt. Der gravierende Strukturwandel der Filmproduktion, -distribution und -rezeption, der nur teilweise auf das aufkommende Fernsehen zurückgeführt werden kann, war weder intendiert noch (damals) unbedingt absehbar. Und das Fernsehen selbst hat seine durchaus genuine erste Entwicklungsphase begonnen - eine Phase übrigens, die prinzipiell bis heute noch nicht abgeschlossen ist (auch nicht mit der Herausforderung durch die privaten und die Kabel- und Satellitenprogramme, nicht einmal durch die sogenannten Neuen Medien).

Sechstens. Daher ist von einer prinzipiellen Eigenständigkeit und Gleichzeitigkeit der beiden Medien Kino und Fernsehen auszugehen, ohne doch eine gegenseitige Beziehung, Beeinflussung, Veränderung, historische Überlappung in Abrede zu stellen. Damit rücken Fragen in den Mittelpunkt wie: Inwiefern unterscheiden sich Film und Fernsehen voneinander? Inwiefern sind sie einander ähnlich oder identisch? Und vor allem: Welche Entwicklung hat dieses Spannungsverhältnis von Differenz und Ähnlichkeit bis heute durchlaufen? Wem hier erschöpfende Antworten gelingen, der hat keine Angst mehr, weder um den Film als Kunst noch um das Kino als Kultur.

Siebentens. Wie sieht das vom Standpunkt der Ästhetik und Rezeption *heute* aus mit den Unterschieden zwischen Kino und Fernsehen? Antwort: Sie dominieren nach wie vor. Immer noch sind es zwei Welten, mit denen wir es zu tun haben. Und nichts macht das deutlicher als der Kinofilm im Fernsehen: zensiert für Otto Normalverbraucher (oder auch rekonstruiert für den Cinéasten), mindestens aber zurechtgestutzt und gekürzt und eingepaßt ins Programmschema, zwischen »Tagesschau« und »Tagesthemen«, zwischen »Sport« und »Wort am Sonntag« - die Verwandlung des Einzelprodukts in einen Baustein im Programmkontinuum. Einige Schlagworte zu den Unterschieden:

- hier (beim Kino) gibt es die jeweils gekaufte Eintrittskarte, dort (beim Fernsehen) die monatliche Pauschalgebühr im Abbuchungsverfahren;
- hier die bewußte Entscheidung für einen speziellen Film oder Kinoabend, die Entscheidung, Geld auszugeben, dort die Entscheidung, das bereits Bezahlte auch zu sehen;
- hier der abgedunkelte Kinosaal, dort das hell oder halb erleuchtete Wohnzimmer;
- hier ein Vergessen der Umwelt (oder ein Aussperren Neugieriger beim Schmusen oder Knutschen), dort ein Multigenuß (zum Sehen kommt das Trinken, Knabbern, Rauchen, Lieben usf.);
- hier das Social event, das Abendereignis, oft mit Freunden und Bekannten, dort die Alltagsroutine;
- hier die konzentrierte Rezeption, dort die Zerstreuungshaltung, mit Telefon, Zeitung, Abendessen, Strickkorb oder Kind nebenbei;
- hier ein einziger Film, dort die Programmvielfalt, die ein schnelles Umschalten (»zapping«) erlaubt;

- hier ein Einzelwerk, dort ein Kontinuum von Werken, ein endloser Fluß von Bildern und Sendungen (der für die Wertdiskussion vielleicht ausschlaggebende Unterschied);
- hier ein begrenztes, dort ein vielfältiges Angebot;
- hier Extremprogramme, z. B. Pornos, Politreißer und brisante Ideologien, dort entschärfter Einheitsbrei, affirmativ-glatt-gefällige Soße (jedenfalls zur besten Sendezeit);
- hier primär Fiktion, Narratives, dort primär Nichtfiktionales, News, Präsentation, Show;
- hier die große Leinwand, dort der kleine Bildschirm;
- hier Landschaften, dort Köpfe (und empirische Untersuchungen belegen das in zahllosen Fällen auch heute noch);
- hier mehr Totalen, dort mehr Nah- und Großaufnahmen (auch dies ist quantifiziert zu belegen);
- hier laute Musik, dort gedämpfte Lautstärke (wer will schon die Nachbarn stören?);
- hier ein Film, der über mehrere Tage hinweg zu verschiedenen Zeiten läuft, also dem einzelnen verfügbar werden kann, dort eine Ausstrahlung mit einem einmalig fixierten Sendetermin;
- hier zur besten Abendzeit anspruchsvolle, hochdifferenzierte Filme, dort zur besten Sendezeit Massenware, Schrott (oder man muß ins Spätprogramm ausweichen);
- hier tendenziell differenzierte Dramaturgie, dort tendenziell Zwei-Parteien-Dramaturgie und Serienware;
- hier Schwarzweiß als ästhetisches Stilmittel, dort Schwarzweiß als Kategorie der Rücksichtnahme auf Besitzer von SW-Fernsehgeräten (z. B. bei Fußballtrikots);
- hier kommerziell, dort institutionell (bis zur Einführung der Privaten);
- hier wenigstens teilweise noch individuell und machbar, wenigstens teilweise noch selbstbestimmt, dort nur noch vom Besitz der Technik dirigiert, unrettbar fremdbestimmt (ein einzelner kann heute sehr wohl einen Film, niemals aber Fernsehen machen), also hier tendenziell noch oder wieder persönlich, dort anonym für ein disperses Publikum;
- hier ein anerkannter Kulturwert, dort Massenunterhaltung (da stehen Cinéast und Vielseher unversöhnlich einander gegenüber);
- Abschließend, aber nicht zuletzt: hier Kritiken mit entwickelter Fachsprache und mit einer langen Tradition, dort nur noch (bestenfalls) Gesprächsstoff am Arbeitsplatz, im nachhinein.

Bei einer solchen Gegensätzlichkeit der beiden Medien liegt die Frage nahe, woher die Ängste ums Kino kommen? Will uns jemand etwas einreden?

Achtens. Was sagt die Forschung? Nach einer bundesdeutschen Repräsentativerhebung 1978, durchgeführt mit Infratest von Elisabeth Berg und Bernward Frank, besteht zwischen der Nutzung von Fernsehen und Kino kein ursächlicher Zusammenhang. Die Imarc-Studie im Auftrag der Filmförderungsanstalt Berlin 1984 belegt ebenfalls die großen Unterschiede der beiden Medien hinsichtlich ihrer sozialen Funktionen (Kino als außerhäusliches Freizeitmedium für junge Leute, Fernsehen als häusliches Medium für die ganze Familie, insbesondere für Ältere). Auch die Ergebnisse der Fernseh-Kino-Vergleichsanalyse 1985/86, durchgeführt von Media Control, Baden-Baden, im Auftrag von ARD, ZDF und Filmwirtschaft, stellen immer noch eher die Unterschiedlichkeit der beiden Medien heraus: Typisch für das Kino sind der Kinobesuch am Wochenende, die Abhängigkeit von wenigen Spitzenfilmen (die 70 Prozent der Besucher anziehen), die Abhängigkeit von Wetter und Out-door-Aktivitäten, das niedrige Alter der Besucher (80 Prozent sind unter 30 Jahre alt), die Neuheit der Filme (93 Prozent der im Kino angebotenen Filme sind nicht älter als zwei Jahre). Rund 1.900 Filme wurden 1986 im bundesdeutschen Fernsehen gezeigt, überwiegend älteren Datums (1985: 83 Prozent vor 1980 entstanden). Das bedeutet nicht unbedingt das Ausschalten der Konkurrenzsituation (z. B. hält schlechtes Wetter vom Kinobesuch ab und verleitet zum Fernsehkonsum; z. B. werden Kinofilme besonders massiert am Wochenende im Fernsehen gezeigt, dem bevorzugten Kinobesuchstermin). Aber von den untersuchten 168 Tagen stellte das Fernsehprogramm nur an 19 Tagen ein Konkurrenzangebot zum Kinobesuch dar (große Sportübertragungungen und ähnliches eingeschlossen). Doch konkurrieren in diesem Sinne nicht auch Roman und Spielfilm, Buch und Fernsehen, generell die verschiedenen Kunstformen und Kulturaktivitäten miteinander?

Neuntens. Kino und Fernsehen brauchen einander; aus der scheinbaren Konkurrenz ist nach dem Schein einer partiellen Partnerschaft inzwischen die gegenseitige Abhängigkeit hervorgetreten. Diese Abhängigkeitsbeziehung ist durchaus ungleichgewichtig, aber so untrennbar wie die zwischen Arbeit und Kapital. Ich weiß, es ist unzeitgemäß, aber ich mache diesen Vergleich, um mit dieser sicheren Provokation die Beziehung von Fernsehen und Kino zu verdeutlichen. Die Beziehung zwischen diesen beiden »Partnern«, dem Arbeitgeber, der Mehrwert will, und dem Arbeitenden, der seine Arbeitskraft verkauft, stellt sich konkret dar im Ideal des sogenannten »amphibischen Films« und in der Dialektik des gegenseitigen Aufeinander-angewiesen-Seins.

Zehntens. Der »amphibische Film« ist eine Vorstufe des supramedialen oder bildschirmuniversalen Films, dem wir entgegensehen. In einer Zeit, die Heinz Ungureit 1985 als »Pause in Filmkultur« sehr treffend beschrieb, importierte das deutsche Fernsehen wichtige ausländische Kinofilme, von den sechziger Jahren bis Mitte der siebziger Jahre, bis zum sogenannten Jungen deutschen und dann Neuen deutschen Film. Kinokultur fand primär bis ausschließlich auf dem Bildschirm statt. Das Kino »brauchte« damals das Fernsehen als Statthalter seiner Geschichte, und es braucht das Fernsehen in dieser Funktion noch heute als tradierende Instanz. Denken wir nur an Filmreihen wie z. B. »Der besondere Film«, an Filmreihen wie z. B. »Der phantastische Film« oder auch andere Genres, an Filmreihen zu bestimmten Themen, an Retrospektiven zu Regisseuren und Schauspielern, an Reihen zu bestimmten stilistischen Schulen oder Ländern und Kontinenten.

Der Schritt zum Film/Fernseh-Abkommen, nunmehr in seinem vierten Stadium, war nur folgerichtig. Der Film braucht das Fernsehen als Kapitalgeber und Koproduzenten. Rund 230 Millionen DM sind bislang über die FFA (Filmförderungsanstalt) in die Koproduktion von deutschen Kinofilmen, die von vornherein für die Ausstrahlung im Fernsehen vorgesehen waren, investiert worden. In Film-Zahlen heißt das: Im Jahr 1985 waren bei nicht weniger als 34 von 64 deutschen Filmproduktionen ARD oder ZDF beteiligt (53 Prozent), im Folgejahr 1986 erneut 34 von 60 Produktionen (knapp 57 Prozent). Das Kino braucht das Fernsehen als Subventionsinstanz, als »Mäzen« (so Günter Rohrbach 1977, und Ungureit assistierte damals: »Es gibt keine plausible Alternative«). 1987 formulierte das Marlene Wöste in »Media- Perspektiven« vornehmer mit den Worten: »Die Filmwirtschaft erkennt die Bedeutung des Fernsehens als Auftraggeber und stabilisierenden ökonomischen Faktor an.«

Das nimmt sich anhand zufällig ausgewählter Kinofilmtitel wie folgt aus: 1975 Die verlorene Ehre der Katharina Blum, 1976 Die Marquise von O., 1977 Der amerikanische Freund, 1978 Die gläserne Zelle, 1979 Die Blechtrommel, 1980 Die wunderbaren Jahre, 1981 Lili Marleen, 1982 Doktor Faustus, 1983 Heller Wahn, 1984 Eine Liebe von Swann, 1985 Paris, Texas, 1986 Ginger und Fred, 1987 Der Himmel über Berlin; – gar nicht zu reden von den zahlreichen ZDF-Beispielen, von Werken auch wie »Berlin Alexanderplatz« oder »Heimat«. Auch wenn das bis heute immer noch oft verschwiegen wird: Die meisten deutschen Kinofilme werden mit dem Fernsehen gedreht, und das gilt – wie Friedrich Nowottny letztes Jahr stolz vermerkte – gerade für die erfolgreichsten Kinofilme (von den zehn bundesdeutschen Bestsellerfilmen waren neun Fernseh-Koproduktionen).

Elftens. Das Kino braucht das Fernsehen – das hat noch gewichtige andere Aspekte, die ich mindestens erwähnen will. Es heißt, und damit zitiere ich wieder Ungureit: Nicht nur ist der deutsche Kinomarkt zu klein, als daß sich die teuren Filme amortisieren könnten; sondern die Kinoindustrie bedarf des Fernsehens auch als Experimentierfeld für ihre Nachwuchsfilmer (und man muß hier nicht unbedingt nur immer an »Das kleine Fernsehspiel« im ZDF erinnern). Das Kino braucht das Fernsehen – das heißt nicht zuletzt auch: braucht die Information über Kinofilme im Fernsehen, benötigt die Kinofilmkritik und Hintergrund-Berichterstattung zur Film- und Kinoindustrie auf nationaler und internationaler Ebene. Hans Peter Kochenrath hat das im ZDF-Jahrbuch 1987 beschönigend »filmkundliche Sendungen« genannt, Lutz Hachmeister einige Jahre früher eher rüde »Film-Promotion«, die mit »Film-Journalismus« nichts zu tun habe. Beide haben wohl recht, doch was wirklich erstaunt, ist die Vielfalt und Vielzahl solcher Programme. Beispiele im ZDF: »Filmforum«, »Apropos Film«, »Ratschlag für Kinogänger«. Hinzu kommen die Filmsendungen der ARD, in den Dritten Programmen, in den Satelliten- und Kabelprogrammen, gelegentlich auch in den allgemeinen Kultursendungen aller Sender.

Zwölftens. Was war es doch, was Knut Hickethier 1983 zu den 11. Mainzer Tagen der Fernsehkritik befand, die zum Thema hatten »Filmkultur – Filmverbrauch. Zum Stand der Beziehungen zwischen Kino und Fernsehen«? Er forderte in »epd/Kirche und Rundfunk«: »Direkte Zusammenarbeit von Fernsehen und Programmkinos, Schaffung einer gemeinsamen ›dritten‹ Zone zwischen Kino und Fernsehen auf gemeinnütziger Basis, ›Werkstätten‹ zum Experimentieren und gemeinsamen Arbeiten von Redakteuren, Autoren, Filmemachern, gastweises Arbeiten von Filmemachern in den Anstalten usf. Maßnahmen, die den notwendigen kreativen Bodensatz, aus dem heraus eine Filmkultur lebt, gewährleisten sollten. Das war vielleicht das wichtigste Ergebnis der Mainzer Tage der Fernsehkritik, daß sich hier ein neues Selbstbewußtsein sowohl bei den Filmemachern wie auch bei den Fernsehspielvertretern zeigte und konkret zu werden versprach.« Sicher – da operiert ein Filmemacher (ich nenne den Namen nicht) inzwischen eher glücklos bei einem privaten Sender. Aber was ist *insgesamt* aus solchen Hoffnungen geworden?

Ich zitiere noch einmal Kochenrath aus dem ZDF-Jahrbuch 1987, der schreibt: »Erstmals wird (das neue Film-Magazin) ›Aus unseren Ateliers‹ sowohl von Kinofilmen wie von Fernsehfilmen berichten. Denn längst schon ist der alte Graben, der sich einst zwischen Kino und Fernsehen aufgetan hatte, überbrückt. Film und Fernsehen gehören heute zusammen wie einst Pat und Patachon, Laurel und Hardy, Abbot und Costello.«

Nein – würde ich dagegen halten. So einfach ist das nicht. Der Kinofilm braucht das Fernsehen, weil er Geld braucht, nicht aber aus künstlerischen oder ästhetischen Gründen, und das Kino ist an fernsehspezifischen Sendungen und Programmen (von extrem wenigen Ausnahmen abgesehen) überhaupt nicht interessiert. Umgekehrt: Auch das Fernsehen braucht den Kinofilm, aber nicht aus finanziellen Gründen, sondern als Verwertungsmasse, als Programmlieferant, als Substanz. Beides ist existentiell für das jeweilige Medium. Aber einmal handelt es sich um ökonomische Interessen und die Produktion von Filmen (seitens der Kinoindustrie), dann um Programminteressen und die Verwertung von Filmen als bereits fertiggestellten Produkten (seitens der Fernsehindustrie). Was Friedrich Wilhelm von Sell 1984 formulierte, belegen uns heute die privaten Sender im harten Kampf um Marktanteile und Reichweiten knallhart: »Fernsehen ohne Film ist undenkbar.« – Oder: »Das Schönste am Fernsehen – der Film.«

Erinnern wir uns an den Großeinkauf der ARD, die 1984 die Ausstrahlungsrechte für 1.350 Spielfilme von MGM und United Artists erwarb. Die Weigerung früher etwa Hollywoods, später zeitversetzt auch der deutschen SPIO (Spitzenorganisation der Filmwirtschaft), dem Fernsehen überhaupt Kinofilme aus ihrem Fundus zu überlassen, ist seit langem revidiert. Inzwischen sollen die Spielfilme knapp zehn Prozent des ARD-Programms ausmachen. Im Rahmen des Siegener Sonderforschungsbereichs »Bildschirmmedien« leite ich ein Projekt, das diese Angaben am Beispiel des laufenden Jahres 1988, bezogen auf das gesamte Fernsehprogramm einschließlich Kabel- und Satellitenprogramme, überprüft. Bei einer Vorab-Auswertung unseres repräsentativen Samples im ersten Vierteljahr sind wir auf bis zu 20 Prozent gekommen (gemessen in Sendungen, versteht sich; wenn man nach Sendezeit mißt, erhöht sich diese Zahl noch einmal).

Das Fernsehen braucht den Kinofilm, weil es sich hierbei erstens um eine seiner attraktivsten und zweitens um eine seiner billigsten Programmsorten handelt. Das ist ein betriebswirtschaftlich und marktmäßig ganz anderer »Bedarf« als umgekehrt der »Bedarf« des Kinos am Fernsehen (was zu beurteilen ich aber eher einem Wirtschaftswissenschaftler überlassen würde).

Es ist also kein Zufall: Ich war auf einem Symposion, in Siegen. Thema: »Kultur-Transfer oder elektronischer Imperialismus? Der Einfluß amerikanischer Fernsehprogramme auf das europäische Fernsehen.« Dort habe ich Dietrich Schwarzkopf von der ARD gehört, der neue Großeinkäufe von Kinofilmen als blanke Notwendigkeit angekündigt hat. Eine Woche zuvor las ich in der Presse von der Suche des ZDF nach neuen Spielfilmen. »Bei wem wir kaufen, ist mir egal«, wird Ungureit zitiert, und fast wörtlich hat das Schwarzkopf für die ARD wiederholt (bezogen natürlich auf Leo Kirch). Die neuen privaten Sender betreiben eine derartige Häufung von Kinofilmen in ihrem Programm, daß die öffentlich-rechtlichen nachziehen müssen. In der Logik dieses Systems wird der Kinofilm für das Fernsehen immer wichtiger.

Dreizehntens. Das Europäische Film- und Fernsehjahr 1988 wurde zweifellos aus politischen Gründen ausgerufen: ein geeinter Film- und Fernsehmarkt in Europa gegen Amerika und den Rest der Welt. Entscheidend daran ist, daß beides miteinander zu tun hat: transnationale Strukturveränderungen der Medien als Gesamtsystem und supramediale Herstellungs-, Verbreitungs- und Rezeptionstendenzen. Die bundesdeutsch-nationale Nabelschau nach der Devise »Die Kunst ist ins Gewerbe gerutscht« (so Andreas Kilb über Alexander Kluge bei RTL plus mit großem Entsetzen) – diese falschen Wertungen sind damit eigentlich passé. Noch einmal ein Zitat von Ungureit, diesmal aus dem Jahr 1987, als er von »europäischen Koproduktionen, Austausch, Vorankauf und Beteiligungen« sprach, was nicht nur eine Internationalisierung der Stoffe und Themen mit sich bringt, sondern auch eine Internationalisierung der Bild- und Bildschirmsprache: »Neue Kooperations- und Erzählformen müssen [...] entwickelt werden, will man nicht mit seinen Geschichten hinter den grenzsprengenden Entwicklungen technischer Kommunikationswege zurückbleiben.« Filmkultur – heißt das – ist nicht (mehr) identisch mit Kinokultur. Filmkultur findet im Kino *und* im Fernsehen statt, und mittlerweile auch auf Video.

Lassen Sie mich eine historische Parallele ziehen: Bis zu Gutenberg war die Bibel, das Buch der Bücher, ein Gemeinschaftserlebnis, vorgelesen in den Kirchen; dann hat jeder einzelne dieses Buch kaufen können, die Bibel wurde zum Individualerlebnis - aber die Kirchen als Gebäude und Kulträume, auch für Bibellesungen, gibt es noch immer. Ebenso würde es dem Spielfilm ergehen, einem Gemeinschaftserlebnis, heute noch gezeigt in den Kinos; der Film in Videoform wird dem Kino nicht den Garaus machen (aber natürlich wird sich das Kino ebenso ändern müssen wie früher die Kirche). Auf den Punkt gebracht: Die Vorherrschaft der Kirche, ihre Machtposition, wurde durch Gutenbergs Buch erschüttert und letztlich gebrochen. Genauso ergeht es derzeit der Kinoindustrie im Gefolge von Video (als Kauf- und nicht mehr als Leihprodukt). Die Videokassette ist gleichsam das gedruckte Buch, und die Luthers haben in Gestalt der Videoproduzenten und -verleger, sozusagen der Bernd Eichingers, ihre Thesen längst an die Türen der Schachtelkinos und Erstaufführungstheater angeschlagen. Noch tut das dem Film nicht unbedingt gut - aber denken wir doch in größeren Zeiträumen! Hat es nicht auch sein Gutes, daß die Macht Hollywoods, die Macht der bundesdeutschen Kino-Mafia der sechziger Jahre, der Schulmädchen- und Krankenschwester- und Hausfrauen-Reports, durch das Fernsehen gebrochen wurde?

Ich habe zusammen mit Helmut Korte ein Buch über die Filme von Steven Spielberg herausgebracht. Die Einzelanalysen seiner Filme zeigen die mögliche und in Einzelfällen längst realisierte - ästhetisch fruchtbare - Symbiose der beiden Medien Kino und Fernsehen. Spielberg, der beim Fernsehen gelernt hat, macht Fernsehfilme fürs Kino - bekanntlich sehr erfolgreich. Hieran läßt sich (wieder) ersehen, daß ihre Beziehung die beiden Medien nicht unverändert läßt: Es gibt nicht nur eine gemeinsame Schnittmenge zweier ansonsten getrennter Welten, sondern beide Welten haben sich *auch* in ihren charakteristischen Merkmalen verändert, ohne daß sie ohne weiteres miteinander zu einer Welt verschmelzen würden. Historisch gewendet: Mehr als 95 Prozent der früher fürs Kino produzierten Filme waren - künstlerisch oder kulturell oder unter Wertaspekten gesehen - schlicht und einfach Schrott. Wenn wir positiv vom Kinofilm, von der Leinwand als Wert reden, dann meinen wir stets nur die restlichen fünf Prozent. Heute gibt es das Fernsehen, bei dem ebenfalls mehr als 95 Prozent der Programme künstlerisch Schrott sind. (Und das könnte auch gut für die Buchliteratur und andere Formen der Künste zutreffen.) Nur reden wir nicht von den restlichen fünf Prozent, von den anspruchsvollen, künstlerisch hochwertigen, ästhetisch komplexen und differenzierten Fernsehfilmen, weil wir sie meist gar nicht kennen, weil sie nicht verfügbar sind (gemacht werden), weil die Kanonbildung hier gerade erst in den allerersten Anfängen steckt. Verhält es sich vielleicht nicht einfach so, daß die früheren Kinobesucher, die sich am Schrott erfreut haben, nun deshalb dem Kino fernbleiben, weil sie den analogen Schrott – nämlich im Fernsehen – schneller, billiger, bequemer und vielleicht noch »schrottiger« bekommen? Wenn wir die Zuschauer wirklich als mündige Menschen begreifen, dürfen wir diese Abstimmung »mit den Füßen« doch nicht leugnen!

Und wie geht es weiter? Vielleicht geschieht der nächste Schritt im Gefolge der »interactive fiction« als neuer Computer-Literatur, die den »Leser« oder »Zuschauer« selbst aktiv einbezieht. Der interaktive Film auf dem Bildschirm, des privaten Personal-Computers ebenso wie des Fernsehgerätes, ist ja längst keine Utopie mehr. Auch das wäre nicht das Ende von Kino und Fernsehen. Aber es wäre das Ende des Kinos als Erlebnisangebot, und es wäre auch das Ende des Fernsehens als Restzeitverwertung. Mit Sicherheit wäre es nicht das Ende des Films, um den mir überhaupt nicht bange ist. Es wäre nicht das *Ende* von Filmkunst, sondern ein neuer Anfang.

Christian Berger

Ästhetik und Arbeitsbedingungen

Als Filmemacher bin ich eingeladen, meine persönlichen Erfahrungen zum Thema »Wie unterscheiden sich Film und Fernsehen?« zu formulieren. Die Diskussion der siebziger Jahre, die meines Erachtens nicht weit geführt hat, möchte ich hier nicht fortsetzen. Damals wurde systematisch unterschieden: kleine Leinwand des Fernsehens: das bedeutet Neigung zu Großaufnahme, große des Kinofilms: Möglichkeit und Tendenz zur Totale.

Der damaligen Diskussion kann ich heute eine subjektive Ästhetik der Arbeitsbedingungen entgegensetzen, heute, weil ich zwölf Jahre in den verschiedenen Bereichen der Fernseh-Produktion gearbeitet und Erfahrungen gesammelt habe. Ich habe als Bildberichterstatter gearbeitet, viele Dokumentationen und Fernsehspiele gemacht und einige Kinofilme. Ich habe fotografiert, geschrieben, geschnitten, produziert. Ich bin besessen vom Bild und mißtraue der Sprache – dennoch muß ich jetzt versuchen, mich in diesem Medium auszudrücken.

Unter Filmemachern, die die Ästhetik des Films erzeugen, verstehe ich hier nicht nur die sogenannten »Kreativen« wie Drehbuchautor, Regisseur, Kameramann und beteiligte »Handwerker«, sondern auch den Produzenten, den Intendanten, die Fernsehredakteure, die Gremien, Kommissionen und die Politiker. Auch diese letztgenannten, sehr mittelbar Beteiligten machen Film-Ästhetik, und ich behaupte: mehr als der Kameramann oder der Kostümbildner.

Mitte der siebziger Jahre habe ich die ersten Anzeichen eines internen Machtkampfes zwischen Administration auf der einen Seite und Programmachern auf der anderen Seite verspürt. Freilich ist dies ein Kampf, der in jeder Zeitungsredaktion, in jedem Buchverlag, in jedem Theater auch stattfindet. Ich behaupte jedoch: er trat damals beim Fernsehen in eine neue, härtere Dimension. Diese drückt sich für mich vor allem darin aus, daß es frühere Abteilungen im Bereich Programm-Produktion so gut wie nicht mehr gibt, jedenfalls nicht mehr in einem relevanten Zustand.

Um die Situation zu verdeutlichen, möchte ich im folgenden einige Quervergleiche zum Film ziehen.

Erstens. Die Entwicklung der Video-Industrie hat beim Fernsehen Hardware-Investitionslawinen ausgelöst, der Slogan lautete: es muß billiger und schneller gearbeitet werden. Das Geld, das man in Maschinen steckte, sollte beim Personal eingespart werden. Man sparte in der Produktion. Für einen »wegrationalisierten« Mitarbeiter in der Produktion wuchsen jedoch fünf neue im Bereich Management, Verwaltung und technischer Service nach, so daß wohl kaum von echter Rationalisierung gesprochen werden kann. Anstatt zu Einsparungen kam es in der Realität zu Kostenexplosionen, zu geringerer Beweglichkeit des aufgeblasenen Apparates, zu immer weniger *Eigenständigkeit* der Mitarbeiter, die zwar vermehrt wurden, aber immer weniger *bedeutsame Qualifikation* aufweisen. Dies ist eine Entwicklung, die ich in mehreren Fernsehanstalten beobachten konnte.

Ein solcher Vorgang ist kaum vorstellbar in der Kinofilmproduktion: die Technik ist dort verläßlicher, älter, jede Investition wird dort direkt am Projekt gemessen. Und man weiß schon lange, daß minderqualifizierte Mitarbeiter deutliche Mehrkosten verursachen.

Unterstellen wir, hinter diesen Vorgängen stecke politischer Wille: dann kann es für das Management, das so entschieden hat, nur ein Hauptmotiv gegeben haben: die Angst vor einem mündigen Medium, das zentral schwer zu lenken gewesen wäre, und das sich auch ökonomisch aus dem herrschenden System hätte lösen können. - Wenn es wirklich nur die sogenannten Sachzwänge waren, die zum gegebenen Zustand geführt haben, dann bedeutet dies den Bankrott unseres Anspruchs auf Machbarkeit.

Zweitens. Der Film hat etwas bereits hinter sich, was in den Fernsehanstalten heute den Alltag bestimmt: die politische Dienstbarkeit, die freilich des öfteren als *öffentlicher Auftrag* definiert wird. International sind Konzentrationsprozesse festzustellen - via Kooperationen nationaler Anstalten oder Eigentümer transnational operierender Sender -, die im Kino nicht denkbar sind oder höchstens an einzelne Mammutprojekte gebunden stattgefunden haben.

Ergebnis: bei Wohlverhalten eine sogenannte »Sicherheit« beim TV, die Kinofilmer neidisch zu machen pflegt. Die sogenannte Freiheit allerdings, die das Kinofilmmachen in sich birgt, macht wiederum die Fernsehleute neidisch.

Da ich beide Begriffe, die »Freiheit« wie die »Sicherheit«, für trügerisch und filigran halte, möchte ich sie in der Folge außer acht lassen. Obwohl ich über Vorgänge und Zustände berichten werde, die im Selbstverständnis ihrer Träger nichts mit »Ästhetik« zu tun haben, sie aber doch, wie ich behaupte, nachhaltig prägen. Vergleichbar ist hier der »Unpolitische«, der durch seine Inaktivität und sein Desinteresse politische Zustände auch verursacht.

Drittens. Es gibt die Möglichkeiten auch nicht für den Intendanten. Das Zweite Deutsche Fernsehen hatte beispielsweise 92 Prozent Fixkosten im Budget 1982/83. Nur acht Prozent waren frei verfügbar für unmittelbare Produktionen – und auch davon landete wohl nur der kleinere Teil wirklich in der Produktion selbst. (Der Begriff »Fixkosten« ist hier allerdings nicht im kaufmännischen Sinn verwendet, ich meine damit den unbeweglichen Teil des Budgets, darin ist zum Beispiel beinhaltet der Bau und Betrieb von Sendeanlagen.) Es meint vor allem: Selbst der gutwilligste Intendant hat eben nur einen sehr kleinen Teil des Budgets, der beweglich ist, mit dem er agieren kann ...

Ergebnis für unsere Arbeitsbedingungen: die budgetäre Situation der Anstalten gefährdet die Produktion. Wir sind heute als Erzeuger mentaler Grundnahrungsmittel in derselben Situation wie die Bauern als Erzeuger der Nahrungsmittel: Wir werden nicht gebraucht, ohne Förderungssysteme ist nichts zu machen. Mit dem schlechten Gewissen der Kultur gegenüber verhält es sich wie mit dem schlechten Gewissen den Bauern gegenüber: beide sind lästig und kostenintensiv.

Um den Vergleich auszubauen: die TV-Anstalten Europas sind wie die Kühlhäuser des Gemeinsamen Marktes, die die Überproduktion horten; was gesendet wird, ist Transportenergie wie die Milch, die von Verona nach München muß und von Bayern nach Oberitalien: ein Stamperl Diesel auf einen Liter Milch, weil da wie dort die Babys ohne ausländische Milch verhungern müßten ...

Zur weiteren Illustration noch aktuelle Zahlen aus dem Jahr 1989: in der BRD sind durch die Finanzlage der TV-Anstalten (die zu den reichsten der Welt zählen!) etwa 20.000 Arbeitsplätze in der Filmindustrie gefährdet. Jede fünfte Film-Firma steht angeblich vor dem Bankrott.

Viertens. Manche Politiker glauben immer noch, es sei für ihre Karriere unabdingbar, daß sie so oft wie möglich auf dem Bildschirm erscheinen. Diese Generation ist schon mit der Angst vor der Macht der Medien aufgewachsen und scheint nicht zu begreifen, daß sich unter jungen Wählern einiges verändert hat: Junge Menschen lassen sich vom Fernsehen nicht mehr so beeinflussen, viele wenden sich mehr und mehr ab.

Immer wieder wird behauptet, daß nur ein größeres Angebot die Freiheit des Zuschauers garantiere: Erst die verkabelte Fernseh-Gesellschaft sei die wahrhaft demokratische.

Ergebnis: Die galoppierende Inflation des Mythos Fernsehen und eine damit ganz allgemein und zwangsläufig verbundene Talfahrt jedweder ästhetischer Absicht.

Fünftens. Die Mottos der »Objektivität« und der »Ausgewogenheit« werden immer noch als Ideologie und Programm begriffen und nicht, wie es neueren wissenschaftlichen Trends entspräche, bloß als Spielregeln auf dem Kampfplatz der Öffentlichkeit.

Ergebnis: Scheinheiligkeit der Fernsehästhetik.

Im Vergleich dazu lebt das Kino in einem Pendel von Erfolg und Flop. Der Kinofilmer ist mit dem Publikum noch direkt in Kontakt, das ihm durch den Kauf einer Eintrittskarte für gerade seinen Film beweist, daß dieser bei ihm ankommt. Das Fernsehen kann in diesem Spannungsfeld nicht leben. Es schützt sich ängstlich gegen eine solche direkte Abrechnung von Produktionskosten und Publikumserfolg. Und Ängstlichkeit erschafft die Ästhetik der Gartenzwerge.

Nun weiß das Fernsehen das alles auch selbst. Es begegnet diesem Dilemma mit dem Einsatz von immer noch mehr fantastischer Technik, mit dem Ergebnis grausiger Beiläufigkeit und weiterer Verschuldung im Rüstungswettlauf.

Dem Kino fehlen diese Erscheinungen, weil es keinen vergleichbaren *Kinobetrieb* auf Produzentenseite gibt. Es gibt keinen subventionierten Apparat, der Kino verwaltet; was dessen Existenz für die Kinoästhetik bedeuten würde, kann sich jeder vorstellen, der den Fernsehbetrieb kennt.

Und dennoch gibt es auch für das Kino keine andere Lösung, als Subventionen anzunehmen. Das österreichische Filmförderungsmodell gibt Filmern anderer europäischer Nationen Anlaß zu Neid. Auch wenn in der BRD der absolut und relativ größere Geldtopf für Filmer da ist (er belief sich 1987 auf 100 Millionen DM): die Österreicher haben die gesetzlich besseren Bedingungen, sich aus dem Topf zu bedienen.

Ich würde sagen: in Österreich bestehen heute für Filmemacher wirklich gute Chancen, wenn sie – wenn wir – das Jammern und Beschuldigen endlich aufgeben und erkennen würden, daß die »böse Macht, die uns behindert«, eine Macht in unserem Inneren ist. Es kommt darauf an, die Attraktivität der alternativen Ästhetik zu entwickeln und zu verstärken.

Diejenigen, die über Demütigungen auf dem Weg durch die

Gremien klagen, sollten zweierlei überlegen: zum einen, ob nicht sie selbst Demütigungen durch ihre persönliche Erwartungshaltung begünstigen, und zum anderen, ob nicht die »normalen« Demütigungen im Leben eines »normalen« Menschen im »normalen« Arbeitsleben noch weit schlimmere sind und uns also etwas mehr Bescheidenheit gut anstünde.

Es ist Zeit, die Ästhetik der Wehleidigkeit aufzugeben, die heute die Faszination eines vollgeschneuzten Papiertaschentuchs hat. Rotzig müssen wir schon selber ein.

Für den Filmemacher sollte sich die ästhetische Frage primär so stellen: Wo bieten sich mir die Bedingungen, die ich brauche, um meine Bilder so machen zu können, wie ich sie mir vorstelle ... Da wird die Unterscheidung von TV- und Kino-Ästhetik zunächst sekundär.

Freilich sind die Rezeptionsbedingungen für den Kinofilm günstiger. Der Zuschauer im dunklen Saal gehört mir, der konzentriert sich. Der Zuschauer im Wohnzimmer schaltet sich ein und aus, wann er will, geht aufs Klo, ißt, trinkt und raucht, telefoniert zwischendurch – mein Bild bleibt für ihn immer nur ein Teilbild im Gesichtsfeld. Vom Erzählen bleibt im TV das Aufzählen.

Aber: Kann ich als Filmer eine spezielle Ästhetik entwickeln, die diese Eigentümlichkeiten des Fernsehteilnehmers berücksichtigt? Ich meine nein. Wenn ich den Anspruch aufgebe, daß der Zuschauer mir gehört und prinzipiell auch interessiert ist, dann muß ich jeden Anspruch auf Ästhetik im Sinn bewußten künstlerischen Ausdrucks aufgeben.

Ich möchte die herrschende Ästhetik der Bilder und Töne auch in Beziehung setzen zum europäischen Film als Begriff für Vielfalt und »Euro-Film« als Begriff von Einfalt: Wir nähern uns der Verwirklichung unserer Visionen vom übernationalen Europa, vom Gemeinsamen Markt ... Lassen Sie mich träumen vom europäischen Film (im Unterschied zum »Euro-Film«)!

Wir träumen vom reichen Europa, vom Europa der Macher, gleichzeitig verfolgt uns die Angst, daß jemand anderer sich schneller als wir Videorecorder, Autos und Hummerbeinchen leisten kann. Da müssen wir schon arbeiten, um dies zu verhindern, da darf man nicht zimperlich sein ...

Europa könnte ein Hort der Weisheit sein, eine Schatzkammer des Geistes und des Wissens, es könnte die Barbarei überwinden, es könnten die Minderheiten ihre Kraft entwickeln ..., wären da nicht die Leute des Geldes und der Macht, die Angst haben vor jeder noch so kleinen Gegen-Macht, und die das Andere nicht zulassen können.

Schreckliche Vision des »Euro-Films«: Wir Filmemacher betreiben in manischer Wut, ohne Rast und Ruh, die Produktion von Bildern und Tönen, als ginge es ums Leben. Die Schlagzahl schon lange im roten Bereich, so schauen und hören wir wie mit blinden Augen und tauben Ohren auf eine Fettschicht von Bildern und Tönen, mit panischer Angst vor wirklichen Bildern, auf der Flucht vor der *Macht der Bilder und Töne*. Nie zuvor waren wir so schnell, so gesund, so gebildet und frei wie heute, nie zuvor hat so kein Thema existiert, das wir nicht längst durchleuchtet, analysiert, besprochen, veröffentlicht und bebildert hätten.

Lösungen zuhauf und keine greift. Unser Leben verläuft folgenlos, wir leben es wie eine Computer-Simulation. Wir schaffen uns künstliche Räume und Zeiten und halten sie für die Wirklichkeit. Metaphysisch erblindet, halten wir die eigenen Ausreden und Ausflüchte für wahr. Es geht also tatsächlich um unser Leben. Denn: Nichts erschüttert uns so sehr wie *wahre Bilder*. Wenn ich fernschaue, in Zeitungen blättere, ja selbst wenn ich hin und wieder in ein dunkles Kinoloch falle, oder auch nur auf die Staße gehe und all die verzweifelt hochglänzenden Selbstdarstellungen mich überfallen und in mich dringen wollen, dann habe ich Angst vor der absoluten und radikalen Abwesenheit der Chance auf eigene Sinneswahrnehmung.

Wir haben Angst vor der Bildlosigkeit, der radikalen Abwesenheit von Bildern. Wir haben Angst, hinter all den glänzenden Selbstdarstellungen, die uns allerorten überfallen, Wahrheit zu entdecken, selbst wahrzunehmen. Die alltäglichen Bilder dienen uns dazu, den wirklichen Bildern den Platz zu nehmen, den ausgegrenzten. Sie sind da, sie sind woanders, etwas bereitet sich vor, unkontrolliert, folglich bedrohlich . . .

Die wirklichen Bilder unterliegen unserer Gewalt, wie alles, was wir ausrotten, verdrängen, aushungern, ignorieren und mißhandeln. Es weicht, versammelt sich aber gleichzeitig außerhalb unserer Wahrnehmung und macht Angst. Oder, wie Isaac B. Singer sagt: »... wir sind unserer Welt und aller Kreatur gegenüber die schlimmsten Nazis . . .«

Diese Bilder verlangen Zuwendung, Geduld, Ausdauer, auch Heftigkeit und Leidenschaft, manchmal Guerilla-Taktik, manchmal Zurückhaltung . . . Aber wenn sie sich finden lassen, und ich bin schon glücklich, wenn mir das in einem Film ein-, zweimal gelingt, dann sind sie schön. Dann überleben sie auch solche ästhetischen Verkrüppelungen, vor denen wir unsere Werke nicht mehr schützen können.

Eine Erfahrung, die ich mit meinem letzten Kinofilm *Hanna Monster, Liebling* gemacht habe, möchte ich erwähnen: Ich habe ihn in Schwarzweiß gedreht, nicht aus Gründen der Mode, sondern weil ich die Farbe satt hatte. Es war mir nicht mehr möglich, mit Farbe noch einen Fortschritt zu machen, ich brauchte die Schwierigkeit des Schwarzweißen, um neue Bilder zu finden, neue Wahrheiten . . .

Ich habe mich ins Schwarzweiß gerettet, auf der Flucht vor den satten, uniformen Farbgestaltungen auf Postwurfsendungen der Parteien, in Werbespots wie Fernsehdokumentationen. Meine Ästhetik funktioniert wie ein Schutzschild, in Notwehr.

Bildempfindlich, bildsüchtig sogar, überrollt mich die tägliche Flut, übersättigt mich, stumpft mich ab. Ich kann mir manchmal nur mehr so helfen, daß ich mir eine Art »Bilder-Heilfasten« durch Monate verordne. Ich nehme alle Bilder von den Wänden, schalte den Fernsehapparat nicht mehr ein, halte mich möglichst von jeder Abbildung fern.

Da bemerke ich erst, wie schwierig es geworden ist, den Bildern zu entgehen, in welch komplizierter Dichte wir von Bildern, Abbildern und Propaganda im weitesten Sinn umgeben sind. Nach Monaten der Enthaltsamkeit, wenn ich mich dann die ersten Male wieder aussetze, sagen wir einer Nachrichtensendung im Fernsehen, komme ich aus dem Lachen nicht heraus: ich finde diese Art der Realitätsvermittlung absurd und verlogen, vor allem in der Form wird für mich die Anstrengung des Verbergens sichtbar, die Anstrengung der gestalteten Realität. Wir singen immer noch laut, wenn wir uns fürchten.

Fernseh-Alltag: die inflationäre Spirale von 20 Kanälen zu je 24 Stunden, von Filmen auf Kassetten und Kassetten auf Disketten und alles übers All und retour, überall, gleichzeitig und ohne Lizenzen. Und wenn dann die Filme wirklich ausgehen, dann färben wir halt die alten ein, verkaufen sie neu. Außerdem können wir schon 20 Minuten pro Tag drehen, mit fünf Kameras, einem Licht und einem Ton. Die Schauspieler müssen halt jetzt ihre Texte endlich wirklich können, wozu werden die so hoch bezahlt. Unsere Geräte können alles und allein, und hundert Mal so schnell wie vorher, sie kosten halt pro Tag soviel wie fünf gute Cutter in fünf Wochen, aber wen stört das?

Wer kann sich da noch mit *Ästhetik* aufhalten?

Mein Traum: Das muß uns doch zwangsläufig ein neues, intelligentes Publikum bescheren. – Oder täusche ich mich?

Bernhard Sinkel

Aufhebung der Einbahnstraße?

Erfahrungen beim Drehen einer Miniserie für das amerikanische Fernsehen

Ich bin heute Fernsehautor und Fernsehregisseur. Bevor ich anfing, für das Fernsehen zu arbeiten, hatte ich mehr oder weniger erfolgreich für das Kino geschrieben und produziert. Meine Kinolaufbahn wurde durch das Aussetzen der Filmförderung beendet. Ich landete also nicht freiwillig beim Fernsehen, sondern wollte zunächst dort nur »überwintern«. Meinen Vorstellungen, die sich auf die große Leinwand bezogen, wollte ich dabei treu bleiben. Ich sagte mir, daß es vielleicht nicht so wichtig sei, wo meine Filme gespielt werden, sondern daß in ihnen enthalten ist, was mir etwas bedeutet: Information und Bilder, die nach klaren Prinzipien aufgebaut sind. Dies ist mir nach meinem Dafürhalten gelungen; doch zwang mir das Fernsehen auch Kompromisse auf, wie z. B., die Fernsehdramaturgie zu akzeptieren. Das Verwenden von 16-mm-Film, die Nötigung zum raschen Schneiden etwa schaffen Bedingungen, die deutlich die Sprache des Films beeinflussen. Die spezifischen Formen von Bildfolgen, Schnitt, Kameraführung haben sich aus der Anforderung des »Pflegeleichten« entwickelt, die sowohl auf der Produzenten- als auch der Konsumentenseite besteht. Diese Formen geben aber Inhalte schon vor, so daß Autor wie Regisseur beim Produzieren für das Fernsehen geringere Beweglichkeit empfinden als beim »Film«.

Das »Pflegeleichte« wie »Dynasty« und »Schwarzwaldklinik« zeichnet die erfolgreichen Schnittmuster am Fernsehmarkt vor, die auch am höchsten bewertet werden. Die Bilder dieser Erfolgs-Serien sind ohne Handschrift, ohne Charakter, sie haben als geistiges »fast food« weniger Nährwert als der berühmte McDonalds-Hamburger. Das ist es, was die massenhafte Konsumierbarkeit dieser »soap operas« erzeugt und garantiert: daß sich kein Individuum darin wiedererkennt.

Es ist nicht einfach, sich gegen die Bildgewohnheiten des Fernsehens zu wehren, sich im Massenmedium als Repräsentant einer elaborierten Minderheitenmasse durchzusetzen, die in einem Fernsehfilm die ästhetische Sprache des Kinos sucht. Ich mußte oft erleben, daß ein Verantwortlicher mich in meinen Bemühungen um Bildkomposition nicht verstehen konnte, da er meinte: »Das sieht man nicht.« – Ich habe meine Produzenten jedoch überzeugen können, daß es darauf nicht ankommt, und so entstand eine neue Form des Fernsehdenkens: daß filmische Qualität auch im Fernsehen möglich ist.

Für meinen Film »Väter und Söhne« konnte ich beim Westdeutschen Rundfunk erreichen, daß die Anstalt zum ersten Mal seit ihrem Bestehen für einen Fernsehfilm auf Plakaten warb. Mit dieser neuen Form der Werbung können TV-Anstalten ihren Charakter unterstreichen: Wenn sie die Highlights ihrer Produktion bewerben, schaffen sie sich damit ein Image, mit dem sie sich identifizieren können und identifiziert werden. Wird diese Möglichkeit von den Fernsehanstalten erkannt, könnte dies andererseits für die Filmemacher die Chance bedeuten, sich ihre Handschrift zu bewahren, ohne lebenslänglich im Low-budget-Bereich verharren zu müssen.

Eine solche filmische Freiheit schien auch ein Projekt zu verheißen, das mir von mehreren zusammengeschlossenen Sendern des amerikanischen Fernsehens angeboten wurde. Die Miniserie sollte den Titel »Hemingway« haben. Interessant schien mir auch, daß die Produzenten keinen Einfluß auf das Drehbuch nehmen wollten, es sollte der fertige Film gekauft werden. Ich nannte den Versuch mit den Amerikanern insgeheim »Aufhebung der Einbahnstraße« – sie geben uns »Dallas«, wir geben ihnen »Hemingway«!

Das »Hemingway-Projekt« existierte schon mehrere Jahre, war aber nicht weitergeführt worden, da es finanziell nicht realisierbar schien. Im Juni 1986 erhielt ich die Drehbücher, der Rohschnitt des Films sollte am 8. April 1988 vorliegen. Die Drehbücher waren in der vorliegenden Form nicht brauchbar, sie waren im Volkshochschulton abgefaßt. Ich hatte also knapp zwei Jahre Zeit, um die Bücher zu schreiben, den Film vorzubereiten, ihn zu drehen und zu schneiden.

Die ersten Schwierigkeiten mit dem amerikanischen Koproduzenten traten auf, als ich die Drehbücher schrieb. Den Hemingway sollte Stacy Keach spielen, der auf Grund der früheren Unterlagen bereits zugesagt hatte. Ich traf ihn in einem Vorort von Los Angeles. Man hatte ihm meine Drehbücher gezeigt, und er hatte, ganz Hollywood-Profi, bereits damit begonnen, Gegentreatments zu schreiben und Verbesserungen vorzuschlagen.

Außerdem plante ich, den Amerika-Aufenthalt gleich für die Besichtigung der Motive zu nutzen. Ich erwartete, wie gewohnt an die Drehorte geführt zu werden, um sie abzunehmen, mußte mir sie jedoch dann selbst zusammensuchen. Mein Vorurteil von der

»perfekten Vorbereitung des amerikanischen Films« brach zusammen.

Die Drehzeit rückte immer näher, ich mußte noch das Problem lösen, wie ich die Vorschläge von Keach einarbeiten konnte, die zum Teil übrigens gar nicht von ihm, sondern vom Koproduzenten stammten. Diese Vorschläge waren von jenem Geist geleitet, der die ganze Produktion fast zwanghaft begleitete: daß nur ja kein *european touch* eingebracht werde, da die Auftraggeber das Endprodukt sonst nicht kaufen würden. »European touch« bedeutete offenbar, der Film würde zu »kompliziert« oder »künstlerisch«. Mir leuchtete allerdings nicht recht ein, warum gerade Hemingway, der in Europa seine Wurzeln hat, den Amerikanern nicht mit etwas *european touch* vorgestellt werden sollte. Für mich war Hemingway eben jene Figur, die mir ermöglichte, europäische Geschichte aus der Sicht eines Amerikaners zu erzählen.

Beim Drehen mußte ich dann feststellen, daß der Produzent uns ständig begleitete und nicht nur den Schauspielern, sondern auch dem Kameramann Anweisungen gab. Er fungierte nach meinen Begriffen als Koregisseur. Man klärte mich über die Stellung des Regisseurs beim amerikanischen Fernsehen auf: er gilt kaum etwas, denn er ist nur »hired«, also ausführendes Organ, ähnlich wie in der Werbung. Ich ersuchte darum, daß der Koproduzent sich mehr im Hintergrund aufhalten möge und provozierte damit, daß Stacy Keach im Gegenzug meine Absetzung als Regisseur forderte. Man hatte auf amerikanischer Seite offenbar starke Ängste, der Film könnte zu »europäisch« ausfallen und zu wenig »amerikanisch« sein. Der deutsche Produzent unterstützte meine Position, so konnte ich mich schließlich doch durchsetzen; ich mußte allerdings zulassen, daß der Rohschnitt bereits in Amerika gemacht werden sollte, während ich in Europa noch drehte.

Auch die fremden Gewohnheiten beim Drehen der Szenen bereiteten mir als europäischem Filmer Schwierigkeiten. Wir sind aus Gründen der Materialersparnis gewöhnt, die Szene Einstellung für Einstellung abzudrehen. In Amerika wird die Szene von allen Seiten gefilmt (im Jargon *covern*). Damit hat der Cutter ein größeres Gewicht, da der eigentliche Film erst am Schneidetisch entsteht, wo er aus einer Vielzahl von Bildmöglichkeiten erst montiert wird. Dieser Einfluß war mir keineswegs angenehm, weswegen ich versuchte, mit der Kamera zu schneiden, indem ich Anfang und Ende einer Einstellung so legte, daß willkürliche Wahlmöglichkeiten unmöglich wurden.

Neue Erfahrungen gewann ich auch beim Umgang mit den Schauspielern. Stacy Keach ist ein sehr guter Hollywood-Schauspieler. Er gehört zwar nicht zu den ganz großen Stars, ist aber Hauptdarsteller einer TV-Serie, die ihm den Großteil seines Einkommens garantiert. Die Rolle dieser Serie schreibt ihm schlagkräftige Brutalität vor, und dieses Image dominiert auch seine private Existenz. Amerikanische Schauspieler haben mit einem Publikum zu tun, das zwischen dem Image der Rolle und dem der »wahren« Persönlichkeit nicht zu unterscheiden pflegt, müssen daher befürchten, daß »böse« Rollen die Sympathiewerte negativ beeinflussen. Hemingway war ein impulsiver Mann mit starken Aggressionen, denen er freien Lauf ließ. In seiner Rolle als Hemingway sollte Keach in einer Boxkampfszene die Kontrolle über sich verlieren und einen anderen rückhaltlos zusammenschlagen. Er weigerte sich, als Schauspieler aggressiv zu agieren, ohne in der Szene davor provoziert worden zu sein, um sein Image nicht zu gefährden. Diese Haltung findet sich auch bei anderen Schauspielern in Amerika.

Das in Venedig, Paris und Madrid gedrehte Material löste bei den Amerikanern nicht wenig Erstaunen aus. Es hatte die Qualität des Kinofilms und setzte damit die Standards für das amerikanische Team höher, als sie es von ihrer Fernseharbeit gewohnt waren. Da die Bezahlung beim Fernsehen relativ schlecht ist, fühlen sie sich auch nicht motiviert, sich zu engagieren. Jene Mitarbeiter, die ich in Amerika erlebt habe, interessierten sich nicht so für übergreifende Zusammenhänge wie meist ihre europäischen Kollegen. Man löste das Problem, indem das Team personell erweitert wurde.

Die Darstellungen in TV-Produktionen unterliegen Einschränkungen gemäß der puritanischen Moral der Amerikaner: sexuelle Darstellungen und die sogenannten »four-letter-words« waren untersagt. Aber auch bei Tieraufnahmen gab es Probleme. Hemingway war Großwildjäger und ein großer Anhänger des Stierkampfs. Es entsprach auch meiner Anschauung, daß wir für die Szenen, die Hemingway als Großwildjäger zeigen, dressierte Zirkuslöwen samt Trainer aus Hannover nach Kenia bringen ließen, um keine Tiere töten zu müssen. Übertrieben erschien mir aus europäischer Sicht jedoch die Vorgangsweise der amerikanischen Partner bei der Stierkampfszene: Den Stierkampf hatten wir original mitdrehen können. Bei der Mustervorführung entdeckte man dann Blut auf dem Rücken der Stiere und bestimmte, daß diese Stellen für die amerikanische Fassung herausgeschnitten werden sollten.

Letzte Ärgernisse ergaben sich noch beim Feinschnitt: ursprünglich sollte dieser in München gemacht werden, doch auch hier setzte sich der amerikanische Koproduzent mit der Drohung, »They won't buy it«, durch. Ich weigerte mich daraufhin, die amerikanische Fassung zu schneiden, da ich schon ahnen konnte, daß ich dabei wieder in Konflikte kommen würde. Es existieren nun zwei Fassungen: eine für Amerika, eine zweite - von mir geschnittene - für Europa.

Die Bilanz meiner amerikanischen Erfahrungen ist: meine Hoffnung nach »Aufhebung der Einbahnstraße« wurde nicht erfüllt; es war ein Weg in die Sackgasse. Wir europäischen Filmemacher neigen zu Jammern und Wehgeschrei. Wer aber die »freien« amerikanischen Produktionsbedingungen erlebt hat, wird die »unfreien«, geschützten europäischen zu schätzen wissen. Die Amerikaner haben kein Interesse an unserer Art, Filme zu machen.

In einer Kritik in der »Los Angeles Times« konnte ich über meinen Film »Hemingway« lesen, daß der Film sehr schön sei; er habe diesen »european touch«, den amerikanische TV-Serien leider nie erreichten.

Wolfgang Glück

Erfahrungen aus der Praxis für Film und Fernsehen

Aus meiner jahrzehntelangen Praxis als Auftragnehmer im Filmgeschäft möchte ich einige Erfahrungen herausstellen, die ich für wesentlich halte. Es ist mein persönlicher Weg, auf den ich hier zurückblicke, nicht jeder wird hier anschließen können.

Ich verstehe mich nicht als »Autorenfilmer«. Ich war immer schon ein Auftragnehmer, schon in den fünfziger Jahren. Ich begann zunächst als Schauspieler und Regieassistent beim Theater und kam von dort sehr schnell zum Film, dem meine Leidenschaft schon immer gehört hatte. Schon 1957 drehte ich meinen ersten Spielfilm. Es gab keine geregelte Ausbildung für denjenigen, der filmen wollte. Die Filmakademie wurde erst später gegründet. Ich hatte damals nur die Möglichkeit, in der Praxis zu lernen. Ich lernte als Regieassistent, und das bedeutete auch, Kaffee zu holen. Ich bin heute glücklich und stolz, daß ich diese Möglichkeit, von der Pike auf zu lernen, noch gehabt habe. Man lernt in direkter Anschauung, was Brennweiten, Tiefenschärfe, was Kamerabewegungen sind, man sieht, wie mit den Schauspielern gearbeitet wird. Ich hatte das Glück, noch bei großen UFA-Filmen zu assistieren, bei Regisseur Josef von Baky. Ich durfte als Regieassistent mit 300 bis 400 Komparsen selbständig arbeiten. Ich habe einen Abschied auf einem russischen Bahnhof ganz allein, über zwei Tage lang, drehen dürfen; ich habe die Mütterchen weinen lassen, die Trittbretter mit Schnee bedeckt, habe die Soldaten ein- und aussteigen lassen, hundert Mal, und der Kameramann hat das mitgemacht. Der Regisseur saß auf einem hohen Podest, überblickte die Szene und meinte: »Eigentlich ganz nett, der kleine Glück.« – Das ganze Material ist später weggeworfen worden.

Die Arbeit mit dem Schauspieler muß entweder am Theater erlernt werden oder auf dem Weg, den ich beschrieben habe: über die Regieassistenz bei großen Produktionen; dieses praktische Lernen scheint mir sehr wichtig, und ob die Filmakademie es ersetzen kann, bezweifle ich eher.

Danach erlebte ich den Verfall des deutschsprachigen Films (und verschuldete ihn mit). Der deutschsprachige Film war so gut besucht und geschätzt, daß sich überhaupt niemand darum geschert hat, was da gemacht wurde. Es sind Leute zu Regisseuren geworden, die dahergekommen sind und gesagt haben: »Das könnte ich doch auch!« – Und man hat sie arbeiten lassen, denn es wurde damals alles gekauft und vom Publikum angenommen. Die Umstellung auf neue Marktbedingungen hat die deutsche und österreichische Filmindustrie nicht geschafft. Der Verfall setzte ein, dann kam das Fernsehen und versetzte dem angekränkelten deutschsprachigen Film den Todesstoß.

Uns Jungfilmer damals haben gerade die noch nicht ausgereiften technischen Möglichkeiten viel gebracht, das Pionierhafte am TV. Wir mußten lernen, mit drei Kameras umzugehen, die sich gegenseitig »abschießen« konnten. In den Studios hatte es 40 Grad Hitze. Die Filme konnten durch nachträgliches Schneiden aufgrund des Drei-Kamerasystems kaum mehr verändert werden. Bei »live«-Aufnahmen war dies ohnehin nicht möglich. Man mußte lernen, schon vorher genau festzulegen, wo geschnitten werden muß. Wir mußten lernen, wie man trotzdem schneiden kann an Stellen, wo es dramaturgisch nicht ideal war, Arrangements zu bauen, für Kameranotwendigkeiten, das Licht und der Ton waren beschränkt durch das Dreikamerasystem, und wir haben uns trotzdem bemüht, Stimmungen und Atmosphären zu erzeugen. Gleichzeitig mußten wir jedoch vergessen, was wir uns an filmischer Sprache vorher angeeignet hatten. Die tradierte Kino-Ästhetik zerstörten wir durch die Halbnahbilder, für die man mit der Kamera vornewegfährt und mitschwenkt, durch das Gießkannenlicht, das bei einer Aufnahme von 20 Minuten oder mehr notwendig war. Der große Vorteil wiederum war und ist, daß der Schauspieler, anders als beim Kinofilm, wie auf der Theaterbühne eine große Szene aufbauen und in einem »durchspielen« kann.

Die Technik hat also den Stil des Fernsehfilms erzeugt, wie sie den des Kinofilms erzeugt hat. Wir können nicht die Bilder hervorbringen, die wir uns in unserer Phantasie ausmalen. Das mangelnde Geld, die äußeren Notwendigkeiten und Zwänge verhindern dies.

Schon sehr bald erwies sich, daß das Fernsehen sich von seinen Zuschauern abhängig machte und damit filmische Innovationsversuche verhinderte, Experimente nicht förderte. Keine Revolte, nichts Anarchisches war erlaubt, weil die Einschaltquoten zählten. Es wäre vielleicht möglich gewesen, daß das Fernsehen aufgrund seiner Monopolstellung eine eigenständige, originelle Entwicklung genommen hätte. Als ich damals begann, wurde täglich zwei bis drei Stunden live über einen einzigen Kanal gesendet. Selbstverständlich wurde jede einzelne Sendung mehr beachtet als heute; die Rezeptionsgewohnheiten wären formbar gewesen. Diese Chance wurde nicht ergriffen.

Den Einfluß, den zu dieser Zeit ein Fernsehspiel nehmen konnte, möchte ich mit einer kleinen Anekdote illustrieren. In einem meiner Fernsehspiele (»Der Unschuldige«) mimte Attila Hörbiger einen lebensfreudigen, liebenswerten Mann, der zum familiären Frühstück erscheint und dann ungefähr sagt: »Ah, das ist ja toll aufgebaut. Womit fangen wir zuerst an? Ja, was nehmen wir zuerst, Käse, ja Käse!« Er probiert den Käse und klopft dann mit dem Messer an den Teller: »Der ist ja hart, Camembert muß fließen ...« – Drei Wochen später stand auf der ersten Seite der Bild-Zeitung die Schlagzeile: »Camembert-Verbrauch in Deutschland drastisch zurückgegangen.« Die Hausfrauen hatten den harten Käse im Geschäft abgelehnt. Das war damals die Macht des Fernsehspiels.

Großen Erfolg hatte ich in meiner frühen Fernsehzeit mit der didaktischen Serie »Elternschule«. Neu an diesem fernsehspezifischen Konzept war, daß didaktische Inhalte mit Unterhaltungswerten verquickt waren. Ich verzichtete auf die »Realitätsillusion« des Kinos, streute ein, diskutierte zwischendurch, ich konnte mehrere Möglichkeiten der Handlung darstellen; ich mußte nicht wie im Kinofilm eine kompakte Handlung entwickeln, die den Zuschauer förmlich aufsaugt. Die Möglichkeit der Unterbrechung, der Reflexion, war eine zeitlang ein schöner Weg im Fernsehen, der mir genügte.

Wichtig in meinem Leben als Fernsehregisseur war der Film nach Peter Handkes »Wunschlosem Unglück«. Der Autor meinte, das Buch sei nicht zu verfilmen, deswegen entstand schließlich auf meinen Vorschlag hin eine dialektische Form: nicht Handkes Erzählung von seiner Mutter oder Familie wurde nachgestellt, sondern ähnliches Milieu und Verhaltensweisen, der Text wurde von Helmut Lohner aus dem Off dazugesprochen.

Neue Wege beschritt ich im Fernsehen auch mit dem TV-Krimi »Strafsache gegen F.«. Der Zuschauer bleibt in Unkenntnis, ob der Beschuldigte den ihm angelasteten Mord (er sollte mit dem Auto einen Menschen angefahren und mitgeschleift haben) wirklich begangen hatte. Bis zum Gerichtsverfahren blieb der Zuschauer – wie der Richter in der Realität – in Unkenntnis. Der Schluß des Films bestand in drei möglichen, verschiedenen Urteilen von Freispruch bis unbedingter Verurteilung. Innovativ war aber, daß ich im Film Franz Alt, den provokanten Leiter der »Report«-Redaktion des Südwestfunks, und Herrn Höcherl, der bayerischer Justizminister gewesen war, diskutieren ließ, ob eine solche Bandbreite an Urteilen in

Wirklichkeit möglich sei. Und Höcherl sagte: »Herr Alt, das ist der Alltag!« – So endete der Fernsehabend. Das war Fernsehen, wie es mich interessiert hatte.

Der Stoffmangel bei Film und Fernsehen führte in den fünfziger und sechziger Jahren zur Aufarbeitung der Bühnenliteratur. Es wurden die Stücke Schnitzlers, Tschechows und alles, was eine Kammerspieldramaturgie hatte, in Fernsehspiele umgearbeitet. Da inszenierten wir »Die Möwe«, und »Wetterleuchten« von Strindberg. Schließlich kam die Serie auf, jene Filmgattung, die es dem Publikum am leichtesten macht. Sie braucht ihre Figuren nicht jedesmal neu zu exponieren, die Zuweisungen und Klischees sind klar erkennbar. Es wurde modern, nur die kleinen Probleme aus der Wohnung nebenan – in Schlüssellochperspektive – abzuhandeln. Das änderte sich erst wieder mit der Serie »Dallas«, die eine neue Art der Traumfabrik initiierte.

Das vielfältige Programmangebot durch Satelliten und Verkabelung schafft noch einmal neue ästhetische Bedingungen. In der Bundesrepublik Deutschland kann man heute mehr als zwanzig Sender empfangen. Der Zuschauer hat die Möglichkeit, durch Knopfdruck auf die »Fernbedienung« das Programm zu wechseln. Die neuen Dramaturgen wissen, daß der durchschnittliche Zuschauer alle zwei Minuten etwas sehen muß, das ihn an das gerade laufende Programm fesselt, damit er nicht umschaltet. Das aber müssen konkurrierende Fernsehanstalten verhindern, die auch von der Werbung leben. Nur wer nachweisen kann, daß er Millionen Zuschauer am Fernsehapparat »dranhalten« kann, bekommt Werbeaufträge.

Auch der Film bleibt von diesen Entwicklungen nicht verschont. Es gibt kaum Geld für Atelieraufnahmen und an den Original-Sets wird wenig verändert, weil das zu teuer käme. Es gibt zuwenig Geld für figurenreiche Filme, es sind Filme mit wenigen Nebenrollen und geringem Aufwand für die Komparserie gefragt. In Österreich kommt aus marktspezifischen Gründen noch dazu, daß nahezu kein Kinofilm ohne Unterstützung des Fernsehens möglich ist. All das bedeutet, daß die Ästhetik des Fernsehens durch die Hintertür auch in den Kinofilm kommt.

Auch mit der amerikanischen Sichtweise machte ich Bekanntschaft. Ich hatte die Freude, meinen Film »Der Schüler Gerber« nach dem bekannten Roman von Friedrich Torberg in Hollywood zeigen zu dürfen. Paul Kohner und Billy Wilder waren meine beiden prominenten Zuschauer. Der Film zeigt das hoffnungslose Duell eines Schülers mit einem autoritären Lehrer, das schließlich den Selbstmord des Schülers herbeiführt. Mein Kameramann war Xaver

Schwarzenberger. Er sollte die Kamera unaufdringlich, unmerklich, sozusagen »realistisch« führen, und diese »Normalität« der Perspektive sollte nur an zwei Stellen durchbrochen werden. Die erste ist durch jenen Augenblick markiert, in dem der Schüler Gerber während der Matura in Mathematik glaubt, daß er verloren sei. Gerber dreht sich hilflos im Kreis. Dies sollte durch die den Schüler (in einem Schienenkreis) umfahrende Kamera betont werden. Der innere Zustand wird hier verdoppelt, indem er auf den Raum projiziert wird, der sich mit dem Schüler Gerber mitdreht. Das ist der erste »unrealistische« Moment im Film. Der zweite tritt auf, als der Schüler am Fenster zum Hof steht, im vierten Stock: man sieht ihn dort von hinten und gleichzeitig von der Seite im Fenster gespiegelt. Die Kamera nähert sich seinem Gesicht dreimal gleich. Nur die Kopfhaltung des Schauspielers ist leicht verändert, was der Zuschauer jedoch kaum bewußt wahrnehmen kann. Ich wollte damit ausdrükken: »Was geht vor in dir?« - Den Sog, den der Hof ausübt, mache ich spürbar, indem ich noch einmal heranfahre, der Kopf ist jetzt um eine Spur höher, wie von unten gesehen, man ahnt, daß etwas passieren wird. Billy Wilder sah das und fragte: »Eines verstehe ich nicht, warum ist die Kamera an den dreimal herangefahren?« Ich sah, daß die amerikanische Sichtweise anders ist, daß unrealistische Filmsprache anders beurteilt wird.

Nach diesem Rückblick auf den Weg eines Fernsehregisseurs der ersten Generation formuliere ich noch meine ganz private Kinovision: Ich möchte nicht meine persönliche Filmsprache verleugnen müssen, ich möchte bei mir selbst bleiben. Ich möchte mich - wie es Pasolini verlangt - dem Kindlichen und dem Mythos nähern. Den Zuschauer möchte ich lenken durch meine Gedanken, durch meine Bilder will ich ihm Fragen stellen, meine Geheimnisse aber behalten. Es ist das, was ich in den Filmen von Resnais, Bunuel, Antonioni immer bewundert habe.

Siegfried Zielinski

Nicht mehr Kino, nicht mehr Fernsehen

Am Anfang einer neuen historischen Form des Filmischen*

Erstens. Der Ausgangspunkt. Die Gegenüberstellung von Kino- und Fernsehästhetik des Filmischen als Antagonismus, als unversöhnlicher Widerspruch, ist nicht sinnvoll, sondern anachronistisch und bringt uns vor allem nicht weiter in bezug auf die brennende Frage, wie wir an einer sinnvollen Perspektive der Ton- und Bildstellerei weiterarbeiten wollen.

Die wichtigsten Argumente zur Begründung des Antagonismus von Kino- und Fernsehästhetik halten einer genaueren geschichtlichen Betrachtung ohnehin nicht stand. Fangen wir einmal bei dem beliebtesten an: das Kino sei der primäre und originäre Ort des Films.

Der Ort des Films - würde ich dagegen halten - war schon immer ubiquitär, und er ist es nicht erst in den letzten Jahren geworden.

Wir wissen: Bevor die Kinematographie ihren eigenen theatralischen und musealen Raum bekam, besetzte sie die Orte und Plätze der vorhandenen Massenkultur (Music-hall, Varieté, Vaudeville, Jahrmärkte etc.). Und wenn Sie die bekannten Zeugenaussagen von ehemaligen Vaudeville-Darstellern und -Aktivisten lesen, dann hören Sie darin dieselben Klagen dieser Menschen gegen das Kino, wie sie uns jetzt - natürlich bezogen auf das Fernsehen - von Cinéphilen unterbreitet werden. Also: Die Kinematographie begann nicht an einem ureigenen Ort, sondern sie hat zunächst einmal die Orte besetzt, wo zahlendes Publikum war - die Orte populärer Massenkultur, und hat daraus erst spezifische Orte entwickelt. Und diese Entwicklung hat sich auch nach der Etablierung des selbständigen Kinoraums fortgesetzt. Film war immer auch da, wo die potentiellen Zuschauer/Konsumenten der Ware sich befanden und folgte

* Dieser Vortrag verwertet Ergebnisse von Vorarbeiten zu dem Buch »AudioVisionen - Kino und Fernsehen als Zwischenspiele in der Geschichte« (Reinbek 1989).

ihnen auch bei ihrem Rückzug in die eigenen vier Wände, in die Wohnzimmer.

Die Rezeptions- und Perzeptionsformen des Films – der zweite Verbindungsstrang für diesen Antagonismus – waren immer schon sowohl öffentlich/sozial als auch privat/individuell. Wobei beide gegensätzliche Qualitäten nicht einmal nur an das eine bzw. an das andere Medium gebunden werden können.

Wir wissen: Schon in der sogenannten Precinema-Phase gab es sowohl die öffentliche Show, z. B. der Laterna-magica-Veranstaltungen, als auch die individuellen Betrachtungsgeräte der elektrischen Tachyloskope, der Praxinoskope, der Mutoskope etc. Der Höhepunkt an der Schwelle zur Kinematographie war einerseits Edisons »Kinetoscope« und andererseits Jenkins »Phantascope«, was er im übrigen – und das ist äußerst interessant – als modifiziertes Fernsehmodell verstanden und entworfen hat. Diese Geräte machten den Film zuallererst individuell zugänglich. In Europa hat z. B. Charles Pathé die Filmwirtschaft in den ersten Jahren zur Industrie entwickelt, indem er ebensolche Geräteanordnungen verwendete. Ihr Ziel war es, sowohl die Filme (als »Software« sozusagen) als auch die Geräte (als »Hardware«) zu verkaufen, und das scheint mir doch sehr wesentlich zu sein für die kulturindustriellen Anfänge.

Schon weniger bekannt ist, daß sich das Individual- respektive Familiar-Artefakt Fernseher in den zwanziger und frühen dreißiger Jahren erst aus einem allmählichen Differenzierungsprozeß heraus entwickelt hat, der zwischen den dispositiven Anordnungen Rundfunk und Kino verlief. Die Bezeichnungen »Fernkino« oder »Filmfunk« sind Signifikanten in diese Richtung.

Schließlich ein dritter Gesichtspunkt: Bei der Produktion filmischer Kommunikate gab es in der Geschichte kontinuierliche Überschneidungen, Überlappungen, Kongruenzen zwischen dem Elektronischen und dem Mechanisch-Chemischen, zwischen den dispositiven Anordnungen Rundfunk und Fernsehen.

Ich möchte in diesem Zusammenhang erinnern an die frühen Funk- und Radiofilmexperimente der zwanziger Jahre, den medialen Bastard »Zwischenfilmverfahren« (Abb. 1) für die Fernsehvermittlung von Außenaufnahmen und für die Kinoprojektion von Fernsehen, die Speichertechnik des »Kinescope-Recording«, selbstverständlich an den Film als lange Zeit wichtigstes Produktionsmittel für das Fernsehen und an den Kino-Spielfilm als Zentrum der Publikumsattraktivität, gerade auch im Zeitalter seiner unendlichen elektronischen Reproduzierbarkeit in den Fernsehkanälen und den Konservenmärkten.

Um den Provokationen der Gegenwart und der nahen Zukunft

ALL IN HALF A MINUTE!

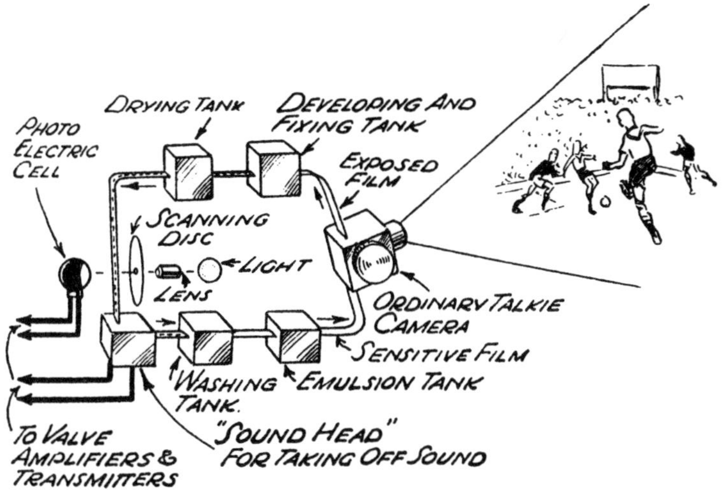

Abb. 1: Eines der markantesten Beispiele für die Verschränkung von Kino- und Fernsehgeschichte und somit auch Herausforderung für eine integrierte Mediengeschichtsschreibung: das »Zwischenfilmverfahren« aus den dreißiger Jahren. Mit einer ordinären Filmkamera wurde die Szene aufgenommen, der belichtete Film durch die Entwicklungs- und Trockeneinrichtungen gejagt und für die Fernsehübertragung abgetastet; nur soweit waren die Bilder wichtig; der Film wurde unmittelbar nach der Abtastung abgewaschen, erhielt eine neue Emulsion und konnte erneut belichtet werden. »All in half a minute!« (Skizze aus einem englischen Handbuch für Fernsehen, 1936)

einigermaßen adäquat begegnen zu können, ist ein langer Atem notwendig, der diese Phänomene einbindet in einen größeren historischen Kontext des Audiovisuellen und sie plaziert in einem Interdependenzzusammenhang von sozio-technischen und sozio-kulturellen Faktoren gesellschaftlicher Entwicklung.

Mein Modell lautet ganz simpel formuliert: Es gibt einen historisch übergreifenden Diskurs des Filmischen (besser: Audiovisuellen), der sich über die gesamte Entwicklung des 19. und 20. Jahrhunderts erstreckt. Dieser Diskurs hat unterschiedliche und zum Teil widersprüchliche historische und kulturelle Realisierungsformen erfahren: Das sogenannte »Precinema«, das Kino, das Fernsehen und die entwickelte AudioVision. Strukturanalytisch formuliert: Diese verschiedenen Medienanordnungen sind die dispositiven Vergegenständlichungen des filmischen Diskurses. Sie sind endlich, nicht »zufällig«, aber historisch begrenzt in ihrer Bedeutung, folgen aufeinander und überlappen sich (besonders auch, wenn man die globale Sichtweise übt und nicht immer nur mit starrem Blick auf die entwickelten Industrienationen schaut). Ich möchte Ihnen das vergegenwärtigen am Beispiel der Laterna magica, die heute in unseren Breitengraden nur mehr nostalgische Reaktionen hervorruft, in verschiedenen Ländern (z. B. Sri Lanka, Malaysia) hingegen noch als sehr wichtiges (audio)visuelles Medium benutzt wird.

Die Herausbildung der einzelnen Dispositive wie ihre Aufhebung in der Geschichte finden in einem komplexen Beziehungsgeflecht von Arbeits- und Verkehrsverhältnissen, den Formen der Massenkultur, den objektiven und subjektiven Zeitstrukturen (vor allem!), der Wohnsituation, der Architektur der Städte und dem Mikrokosmos des Wohnens etc., statt.

Etwas, was man gar nicht genug betonen kann: Wir müssen uns verstärkt darüber Gedanken machen, was sich eigentlich in unserem Leben verändert hat – was die neuen Technologien herausgefordert und quasi erst den psycho-sozialen Boden für sie bereitet hat. Ich möchte das jetzt nicht genau ausführen, sondern versuchen, in einigen Stichworten zu formulieren, was da an MedienZukunft auf uns zukommt. Diese Stichworte sind:

- Hochgradige Mobilisierung, sowohl physischer (Automobilisierung) und besonders informationstechnologischer Art
- Info-technische Vernetzung. Globales »Teleporting«/Info-Techno-Anlauf-Stellen, die an den Platz der alten Gütermärkte treten
- Durchsetzung des Computers als Universalmaschine (der Algorithmus als Megarhythmus)
- Aufhebung der Grenzen zwischen Öffentlichem und Privatem

- Individualisierung vor allem auch in der Wohnweise, besser formuliert, die »Egomanisierung des Zeitgeistes«
- Zerstörung der Außenwelt (vor allem der Natur)
- Zeitnot trotz kürzerer Arbeitszeiten, wachsende Bedürfnisse nach zeitlicher Selbstbestimmung, die die Industrie durch neue Geräte, neue Angebote und Techniken aufgreift und kompensiert.
- Flexibilisierung, Kompatibilisierung etc.

Zusammenfassend könnte man diese Qualitäten auch mit Raymond Williams' strategischem Begriff »Mobile Privatisierung« bezeichnen, darauf komme ich später zurück.

*Zweitens. Die Provokation.*In dieses Beziehungsgeflecht sind die neuen Artefakte und technischen Sachsysteme des audiovisuellen Diskurses eingebunden, die es meines Erachtens rechtfertigen, vom Ende bzw. von der Aufhebung der Dualität von Kino *und* Fernsehen zu sprechen. Davon, daß wir uns am Beginn eines neuen Niveaus befinden, das ich vom Arbeitsbegriff her einfach zunächst als *entwickelte* AudioVision bezeichne. Kino und Fernsehen sind nicht einfach wegzudenken, tot, sondern haben schlicht ihre dominante Rolle verloren! Es geht nicht darum, daß etwas verschwindet, es geht darum, kenntlich zu machen, daß etwas, was als historische Form lange Zeit bedeutend und zentral war, nach wie vor zwar wichtig ist, aber seine Absolutheit und seine Dominanz an andere Bedeutungsträger abgegeben hat. Welches sind die Phänomene, um die es nun dabei geht?

Markante Formen und Bereiche der Veränderung des filmischen Diskurses:
- Distribution/Verteilung
- Rezeption/Nutzung/Perzeption
- Produktion/Programmierung

Distribution/Verteilung. Die Umstände der Verteilung von filmischem Material haben unter den Bedingungen gigantischer Distributionsnetze die größte Bedeutung erhalten. Eine einzige Zahl kann dies gut illustrieren: in den TV-Kanälen der USA gab es 1988 über 600 Filmtermine in der Woche.

Die »Bewegung« scheint alles zu werden! Auf einem gigantischen Geldmarkt fluktuiert ein Vielfaches von dem an Werten, was global tatsächlich an materiellem Reichtum produziert wird.

Ein Beispiel: Die globalen Börsentransaktionen im Jahr 1986 (also jene Geldmittel, die auf dem Markt bewegt worden sind) hatten einen Geldwert von 87 Trillionen Dollar, also ein Mehrfaches von dem, was die Welt insgesamt an Reichtum produziert hat: Die Bewegung wird Selbstzweck, wird zum eigentlichen Wert (der nur noch auf der Basis hochentwickelter Informationstechnologien realisierbar ist).

So kommt es zur Analogie des Flow of broadcasting mit dem Flow of cash: Finanzmarkt und Markt der AudioVisionen. Dazu die Finanztheoretiker: die siebziger Jahre sahen den Kollaps der Energie, die achtziger den Kollaps der Finanzen, und in den neunziger Jahren wird der Flow of broadcasting kollabieren.

Visionen von einer Distribution des Audiovisuellen, bei der nicht mehr die Filmrollen, sondern die auf dem Material enthaltenen Informationen transportiert werden, Filmisches in Realzeit an beliebige Punkte des Globus verteilbar wird, sind fast so alt wie die Geschichte des Kinos, des Films selbst. Das sollte man immer wieder in die Diskussion miteinbeziehen: An vielen Projekten, die uns heute so stören, die uns erschrecken, hat natürlich die Kinoindustrie mitgearbeitet und hat sozusagen mit die Voraussetzungen dafür geschaffen, daß es dazu kommen konnte.

Nur drei Beispiele: In den frühen zwanziger Jahren gab es das Konzept der Fernsehtheater. Nachdem das Radio auf den Markt gekommen war, enthielt es die Vorstellung, daß man dezentrale Kinos über Funk zentral beliefern und dadurch viel Geld einsparen könne.

Mitte der dreißiger Jahre wurde diese Vorstellung in der Filmbranche durch Samuel Goldwyn formuliert. Er sagte 1935: »Ich glaube, daß das Fernsehen dem Filmproduzenten [!] helfen wird. Heute ist ein Jahr nötig, um den Film in allen Theatern laufen zu lassen; das Fernsehen ermöglicht es, ihn überall an einem Abend vorzuführen. Die Filme, die fernsehübertragen werden, erfordern ein Jahr zur Herstellung und einen Abend zur Auswertung.« (Intercine 1935)

Menahem Golan stand also in bester Tradition, als er in Cannes 1987 seine Vision als Produzent so formulierte: »Mein Traum ist es, eines Tages eine Videopremiere zu veranstalten, die von Hollywood aus über Direktsatellit 800 Millionen Menschen erreicht. Wir sprechen damit über eine neue Dimension der Images, die Belieferung eines neuen Typus von Markt. Rechnet man einen Dollar pro zuschauende Person, im Rahmen eines Pay-Per-View-Systems, ergibt dies 800 Millionen Dollar.« – Das ist der Stoff, aus dem die Träume sind, zumindest wenn sie von der Großproduzentenseite formuliert werden.

Zentrale Bedeutung für die Realisierung einer derartigen Perspek-

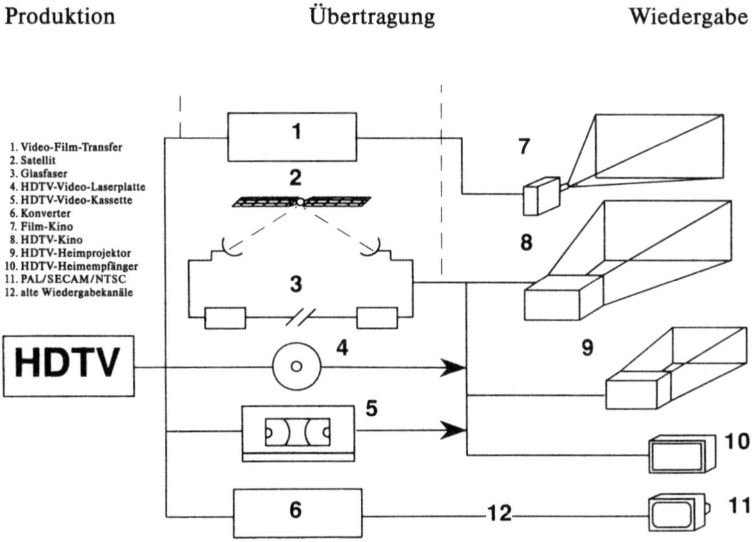

Abb. 2: Das Filmische im Zeitalter seiner unendlichen und damit auch multimedial disponiblen Reproduzierbarkeit: So sehen die Planungsvisionen für das Televisuelle mit der Auflösungsgüte des 35-mm-Films aus. Das elektronische Masterproduct ist durch sämtliche Kanäle verschickbar und kann für beliebige Applikationen der Filmkonsumation benutzt werden. (Bildquelle: SRG)

tive hat eine Formel: das Technologie-Projekt HDTV (das hochauflösende Fernsehen) oder besser: HiVision.

Das wichtigste daran ist, daß eine globale Materialnorm des filmischen Produkts gefunden werden soll! Mit anderen Worten, der 35-mm-Film als das traditionelle Kinomaterial soll ersetzt werden durch einen elektronischen Träger (vergleichbar etwa der Auflösung des 16-mm-Films durch die 425, 444, 525 Zeilen des frühen Fernsehens). Die HDTV-Systeme arbeiten etwa mit einer fünffach höheren Auflösung. Der Informationsgehalt eines Images beträgt rechnerisch ca. 200 Millionen Pixel (Bildpunkte), und dies ist etwa mit dem vergleichbar, was der 35-mm-Film als Informationsgehalt bietet.

Film wird als »weiche Ware« gehandelt, und damit dreht sich alles um die möglichst optimale, d. h. flexible Distribution (sprich: Ausbeutung) dieser »weichen Ware«. Und in dieser Perspektive sind verschiedene aktuelle Projekte zusammenzudenken.

Das Ziel des »Project for Advanced Television« am Bostoner MIT (gemeinsam gefördert von der Fernseh- und Filmwirtschaft) etwa ist das weitere Vorantreiben der Digitalisierung und Kompression von Filminformationen, ihrer Decodierung im Empfänger. Die wichtigsten Effekte, die dabei anvisiert werden, sind:

- Die Verbindbarkeit der neuen Träger mit den gigantischen neuen Netzen (ISDN = Integriertes Digitales Datennetz).
- Die Möglichkeit digitaler Speicherung mit dem Ziel, eine Compact Disc zu schaffen, auf der ein kompletter 35-mm-Film (bzw. dessen Daten) speicherbar ist. (Zur Zeit können nur etwa acht Minuten analoges Material auf einer CD konserviert werden).

Was heißt das nun für die künftige Verteilung von Filmischem? Mein Darstellungsversuch eines naheliegenden Szenarios hat folgende Elemente:

- Filme gehen dann tatsächlich als Ware direkt an den Endverbraucher, und zwar in einer Form, bei der das Kopieren teurer würde als das Kaufen. Das Projekt heißt auch sinnigerweise »Paperback-Movie«. Ausgangspunkt ist der Gedanke, daß, wenn komplette Filme so billig werden wie Taschenbücher, sich das (auch illegale) Kopieren nicht mehr lohnt. Die Materialkosten der CD sind so gering, daß man sie in hohen Auflagen zu Schleuderpreisen auf den Markt bringen kann.
- Voraussetzung dafür ist, daß Filme in allen Formen des Fernsehens weiterexistieren, in den Verteilformen des Rundfunk-Fernsehens (»ARD und ZDF – Bei uns sitzen Sie immer in der ersten Reihe«), sowie in ihren Erweiterungen und dezentralisier-

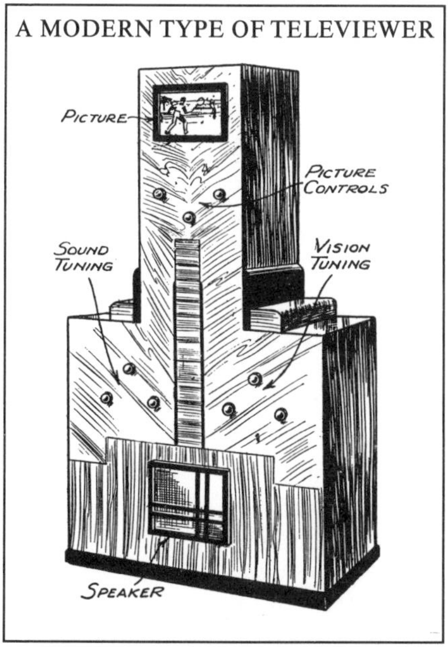

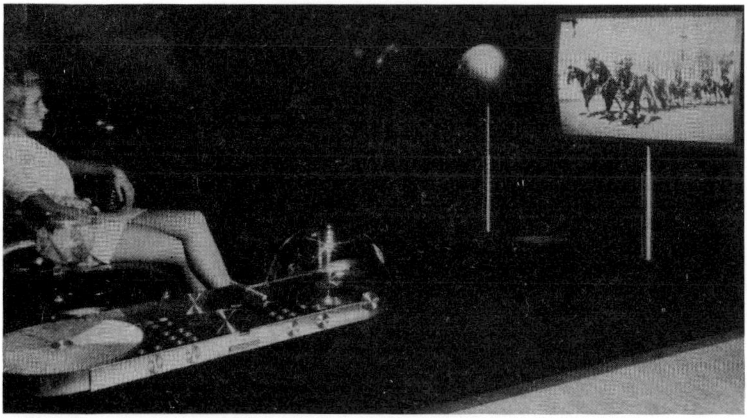

Abb. 3–4: Aspekte der Genealogie des televisuellen Sehens: Zu Beginn dominierte das Apparative völlig das Image; in der ersten privaten Empfängerphase beherrschte der Möbelcharakter die Sicht (Bild oben, Skizze aus dem »Practical Handbook for Television«, 1936); perspektivisch verschwindet auch der Möbelcharakter hinter dem virtuellen Wandbild – eine Antizipation aus den sechziger Jahren (Bild unten: Archiv Zielinski).

ten Verteilformen Pay-TV, Pay-Per-View-TV (über terrestrische Sender, Satelliten und Kabelnetze).

Das Fernsehen als Promotionsmaschinerie funktioniert indessen nur für den umfassenden Verkauf der Filmware,

- wenn die Video-Signale bei der TV-Sendung so bearbeitet werden, daß sie nicht von einem normalen Videorecorder aufgezeichnet werden können (vgl. das Projekt »Unrecordable Television« am MIT).
- Zusätzlich werden zahllose sogenannte Closed-Circuit-TV-Formen (Hotels, Flugzeuge, Discos, etc. mit oder ohne Netzanschluß, mit oder ohne Satellitenschüsseln auf dem Dach) existieren,
- werden elektronische Kinos der kleinen Räume (Mischformen zwischen Wohnzimmer- und Lichtspieltheater) betrieben werden; das ist bedeutend vor allem für die »Dritte Welt« und überall dort, wo noch keine entwickelten Infrastrukturen des Kinos vorhanden sind.

Und schließlich:

- Natürlich wird es auch weiterhin Kino geben, aber das Kino wird als »Durchlauferhitzer« fungieren und zum subventionierten Museum werden (Strukturen dazu sind heute schon im Ansatz vorhanden).

Rezeption/Nutzung/Perzeption. Ich möchte hier drei Aspekte hervorheben: Erstens die Entwicklung des Kinos vom »heißen« zum »kühlen« Medium und die Entwicklung des Fernsehens vom »kalten« zum »heißen« Medium (im McLuhanschen Sinne).

Hier keine Klage darüber, daß der erotisierte Ort Kino, wie ihn Roland Barthes z. B. vor zwanzig Jahren noch vorgefunden und gepriesen hat (bezeichnenderweise bei seinem Verlassen), praktisch nicht mehr existiert und das Filmerlebnis im Kino sich im wesentlichen - um im Bild zu bleiben - zum Peepshow-Erlebnis gewandelt hat. Wichtiger ist, daß eine Grenzverwischung stattgefunden hat.

Im Kino wird immer mehr erfahrbar, daß wir uns in einer Anordnung der technischen Reproduktion befinden, und beim Fernsehen tritt der Objektcharakter des Apparativen immer mehr in den Hintergrund zugunsten der opulenten, großflächigen Illusionierung durch Images und Töne.

Der zweite Aspekt der Rezeption: Das Audiovisuelle ist nicht mehr an einen festen Ort gebunden.

Insofern eine Steigerung der Ubiquität möglich ist, so besteht sie darin, daß die Fixierung des Ortes im Zeitalter der umfassenden privaten Mobilisierung aufgehoben wird als gegensätzlicher Pol zum

Traditionelle Fernsehrezeption	Fernsehrezeption via Videorecorder
a) auf der Ebene des Gesamtprogramms	
Das Programm wird erfahren als	Das Programm wird erfahren als
fremdgesteuerter Fluß,	Ansammlung von Versatzstücken,
mit fester Vorgabe des zeitlichen Ablaufes	deren zeitlichen Ablauf der Nutzer manipulieren/bestimmen
und kontinuierlicher Regelmäßigkeit.	und diskontinuierlich organisieren kann.
Rezeption ist gemeinschaftliches Erlebnis, in regionaler, nationaler oder globaler Hinsicht.	Rezeption findet vereinzelt/individualisiert statt.
Sie hat zentralisierenden Charakter.	Sie hat dezentralisierenden Charakter.
Ereignis-, Sende- und Lebenszeit werden bei Direktsendungen synchronisiert	Rezeptions-, Ereignis- und Sendezeit verhalten sich in jedem Fall asynchron zueinander.
Rundfunk besitzt die Aura der Unmittelbarkeit.	Der Videorecorder unterstützt den Charakter des technischen Vermittlungsvorganges.
Das Programm ist flüchtig.	Das Programm ist verfügbar.
b) auf der Ebene der einzelnen Programmsequenzen	
Die Reihenfolge der Segmente ist definiert (linear).	Die Reihenfolge der Segmente kann beliebig gestaltet werden.
Unterbrechung der Rezeption führt notwendig zu Lücken im Kommunikat.	Sequenzen können jederzeit gestoppt werden, ohne daß Lücken in der Wahrnehmung des Kommunikats entstehen.
Filmischer Rhythmus ist vorgegeben.	Filmischer Rhythmus kann bis zum Stillstand verändert werden.
Bildaussage kann nachträglich nicht kontrolliert werden.	Bildaussage kann jederzeit kontrolliert werden.
Zeitlicher Umfang (Sehdauer) des einzelnen Segments und der Sequenzen ist definiert.	Zeitlicher Umfang (Sehdauer) des einzelnen Segments und der Sequenzen kann gedehnt oder gestreckt werden.

Abb. 5: Der Eingriff der audiovisuellen Zeitmaschine in die filmische Zeitstruktur, hier durchgespielt am Beispiel des Televisuellen. (Quelle: Zielinski, Zur Geschichte des Videorecorders, 1986.)

gigantischen Ereignisort Kino, wie er sich als Bestandteil von »Multiplex«-Strategien gegenwärtig neu entwickelt.

Der *Watchman* als Wander-»Kino« der Postmoderne. Bewaffnet mit Videoempfänger oder Videoplayer und Monitor gehe ich nicht mehr zum Film, sondern der Film geht mit mir. Die Erweiterung des Walkman: Ich schaffe mir, während ich mich in der Alltagswirklichkeit bewege, nicht mehr nur akustisch, sondern audiovisuell die von der Industrie zur Verfügung gestellten Erlebnisräume, die ich singularisiert als meine eigenen erfahren kann.

Dies mag lax formuliert sein, ist aber auch bedeutend für die Entwicklung der filmischen Ästhetik: Diskontinuität, Zerstückeltheit, Attraktions-Montagen und -Collagen, der Videoclip als Meta-Konstruktionsprinzip. Aber es verweist auch auf Entwicklungen wie den »Landscape Channel« mit New-Age-Musik, auf Simulationsfilme, in die man mit dem »Watchman« allerorten und jederzeit einsteigen kann, ohne das Gefühl haben zu müssen, etwas zu versäumen. Alles wird beliebig montierbar und als endloser audiovisueller Fluß imaginär durchschwimmbar.

Der dritte Aspekt der Rezeption ist die *Literarisierung* des Audiovisuellen durch seine umfassende Konservierung.

Mit den individuellen Reproduktionsmaschinen Videorecorder und Bildplattenspieler wird ja nicht nur das Geschäft mit den Memorabilien auf eine neue Stufe gehoben, das filmische Produkt gerät dadurch, daß es zum ersten Mal in der Geschichte in kompletter Form den Besitzer wechselt, in die Verfügungsgewalt seiner Nutzer und Konsumenten.

Ende der sechziger Jahre hat genau über diese Punkte eine sehr heftige Diskussion stattgefunden. Edgar Reitz war z. B. einer der Exponenten und eifrigsten Verfechter eines neuen filmischen Diskurses, der davon ausging, daß Film verfügbar in jedes Wohnzimmer kam (damals noch der Super-8-Film). Häufig wurde in diesem Kontext auch die »Magical Mystery Tour« der Beatles als Beispiel herangezogen.

Es handelt sich um die Möglichkeiten der Entfaltung eines neuen Sehens auf der Basis der Reproduktionsmaschine in jedermanns Hand, aber auch um die bisherige Unfähigkeit der künstlerischen filmischen Produktion, auf solche Prozesse zu reagieren (ganz im Gegensatz zur Industrie, zum Marketing, zur Ausbildung etc., die wieder einmal die Brachflächen besetzen, welche die kreativen Bildersteller ihnen belassen).

Aspekte der Produktion. Ich möchte mich dabei auf einige herausragende Entwicklungstendenzen beschränken, die sich mit dem sozio-technischen Zusammenhang von Elektronisierung, Digitalisierung, Computerisierung der Produktion von Audiovisuellem beschäftigen:

Die Vision Coppolas von einer zur Gänze elektronisierten, computerisierten Filmproduktion, das Modell des genialen Filmemachers, der seine Imaginationen quasi einer »intelligenten« Maschinerie einhaucht, die diese wiederum so lange verändert, bis sie den Vorstellungen des Regisseurs entsprechen (kulturhistorisch äußerst interessant, weil es an das 18. Jahrhundert erinnert, indem es zu einer Wiedererrichtung des genialen Künstlersubjekts auf hochentwickelter technologischer Basis einlädt), ist nunmehr fast zehn Jahre alt. Sie wurde verlacht, kritisiert, verdammt, und hat sich selbstverständlich nicht, (noch) nicht, durchgesetzt. Wir wissen aber, daß die Elektronisierung und auch die Computerisierung in der filmischen Produktion innerhalb und außerhalb des Televisuellen immer weiter voranschreitet.

Einige Beispiele dafür sind:

- Die Videokontrolle beim Drehen bis zur kompletten Videoproduktion
- Computergestützte Kameras (z. B. »Sky Cam«)
- Colorization
- Computergestützter Schnitt (z. B. das Aaton FDT-Verfahren: Aufzeichnung zusätzlicher Daten aufs Filmband; jeder Kader erhält die zusätzliche Kennzeichung durch Datum, Produktion, Kamera, Filmrolle, Szene, Einstellung etc., was je nach Kapazität variierbar ist).

Durch die anvisierte Digitalisierung auch der Bilder wird es unbegrenzte Schnittvarianten mit großer Zugriffschnelligkeit geben; das Ziel ist ja, die Imagebearbeitung analog zur elektronischen Textverarbeitung zu gestalten.

- Ein weiterer Bereich ist die Simulation von Bildhintergründen, architektonischen Elementen, toten Objekten und ihren Bewegungen durch die Computeranimation.

Absehbare Perspektive ist auch für das Fiktional-Filmische das »Media Mixing«, die Gestaltung im Multimedia-Verfahren, bei dem verschiedene technologische Träger miteinander verknüpft sind, zu einer für die Perzeption nicht mehr zu trennenden Symbiose.

Computeranimation in ihrer entwickelten Form bedeutet virtuelles Zurverfügung-Stellen von Bewegungsillusion mit Hilfe schneller Rechner (im Unterschied zur Reproduktion vorhandener visueller Oberflächen durch die herkömmlichen filmischen und elektronischen analogen Techniken). In diesem Prozeß der Simulation wird der komplexe kinematographische respektive televisuelle Aufnahmeapparat, der traditionell filmische Wahrnehmung organisiert, ersetzt. An die Stelle von Kameras (und ihrer Subelemente: Filter, Blenden, modifizierende Objektive etc.), architektonischem Design, natürlichem Licht oder künstlicher Beleuchtung etc. tritt die Operation des Rechners bzw. des Operateurs. Beachtenswert ist daran, daß einzelne Programmierer dabei die Funktionen von hochgradigen Spezialisten (Kameraleuten, Beleuchtern, Maske, Friseuren, manchmal auch Toningenieuren) übernehmen, deren Tätigkeiten die Maschine ja zu substituieren hat.

Einstellungsgrößen (die Distanz von Wahrnehmenden und Wahrgenommenen), Einstellungsperspektiven, Kamera- und Handlungsachsen, Einstellungslängen, Lichtverhältnisse sind mathematisch zu berechnen und in ein funktionierendes Programm umzusetzen. Durch dieses Ersetzen der komplexen Mittel filmischen Ausdrucks und filmischer Wahrnehmungsorganisation entstehen auf absehbare Zeit tiefgreifende Folgen für die Organisation der Wahrnehmung von Bewegungsillusionen. (Ich habe diese Beobachtungen an einigen elaborierten Experimenten gewonnen):

- Die lebendige Vielfalt möglicher Kamerablicke wird ersetzt durch die Hegemonie einer Art subjektiven virtuellen »Kamera«. Der Zuschauer wird in Permanenz an Schaupositionen versetzt, die er im wirklichen Leben nicht einnehmen kann oder die gänzlich losgelöst sind. Lebendigkeit wird ersetzt durch atemberaubende Geschwindigkeit. Das Subjekt erfährt sich wahrnehmend in der permanenten Raum-Zeit-Verrückung.
- Die Fokussierung, Ergebnis des ständigen Zusammenwirkens von Einstellungsgröße, Kameraperspektive, Farb- und Helligkeitsgestaltung wie Raumkonstruktion geht verloren bzw. verschwindet in der Standpunktlosigkeit des Rechners. Es gibt keinen apparativ vermittelten »vanishing point« mehr. Der Wahrnehmungsstandpunkt ist infolgedessen nicht mehr definierbar, wird aufgelöst in einer Art räumlichen Beliebigkeit. Computeranimation/-simulation hat keinen fixierten Schauplatz, worin meines Erachtens auch die interessantesten Möglichkeiten für eine neue Avantgarde angelegt sind. Computeranimation bedeutet die Aufhebung des plan-perspektivischen Blicks, der die vergangenen Jahrhunderte dominierte.
- Eine mathematische Berechnung der unendlichen Komplexität von Lichtgestaltung, der wesentlichen Dimension filmischer Illusionierung, ist bisher noch nicht vorstellbar. Das Ergebnis ist eine virtuelle Standardbeleuchtung, die wichtige Ursache für den

Eindruck der kalten und nackten Nähe der animierten Objekte ist.

- Schauspieler sind in den guten und besten »Exemplaren« dieser Gattung nicht reproduzierbar auf Masken mit berechenbarem Ausdruckspotential. Simulierbar sind im wahrsten Sinne des Wortes nur Clichés, standardisierte Darstellungspotentiale. (Was denkbar erscheinen läßt, daß bestimmte Schauspieler/innen relativ leicht Eingang in die Computeranimation finden können bzw., daß deren Spiel als Vorwegnahme ihrer eigenen Simulation interpretierbar ist; z. B. Schauspieler wie Meryl Streep und Harrison Ford, Marylin Monroe und Humphrey Bogart sind bereits gern gewählte Objekte von Experimenten filmischer Computeranimation).

In dem Zusammenhang das übergreifend Wichtige: Berechenbar ist das Gesetzmäßige, der Standard. Und in dieser Perspektive findet Computeranimation ihre Verwendung, wird Computeranimation vor allem Verwendung finden. Sie ist ein sehr wirksames Hilfsmittel in der erweiterten Herstellung von standardisierten Kulturwaren.

Die Motivation für ihre Verwendung speist sich wesentlich nicht aus einem avantgardistischen Drang nach der Schaffung neuer imaginärer Welten, sondern aus drei miteinander zusammenhängenden Prozessen:

- Aus dem zunehmenden Verlust von Natur (in einem umfassenden Sinn) und natürlicher Erfahrung. Interessant in diesem Zusammenhang ein Gespräch mit einem professionellen Simulator der Hochschule der Künste in Berlin, der sagte: »Schließlich umgibt uns ja - noch - genug reale Natur, um diese mit herkömmlichen Mitteln aufzeichnen zu können!« (Ökologie-Implikation: Natur-Zerstörung im Realen und Natursimulation im Imaginären. So blau wie die Meere oder so grün wie die Wälder in der Computersimulation sein können, sind sie real schon lange nicht mehr!)
- Aus dem immer dringender werdenden Stoffmangel der Verteiler von AudioVisionen (Distribution wird vervielfältigt bei gleichzeitigem Einfrieren kreativen Potentials);
- Die der Informationstechnologie innewohnende Tendenz zu immer stärkerer Rationalisierung (aller nicht informationstechnologischen Arbeitsbereiche, besonders derjenigen des Handwerks, der Kreation und der materiellen Produktion) halte ich für das wesentliche, wahrscheinlich das wichtigste. Und das ist auch der Punkt, wo ich Coppola den entscheidenden Vorwurf machen würde, denn wenn ich das Geschäft kenne, dann muß ich wissen,

Abb. 6: »Radiofernsehfilmempfänger« (1930) mit aufklappbarem Projektionsspiegel

daß diese Geräte und Maschinen zu einer extremen Form von Rationalisierung benutzt werden. Auch der Vergleich zum populären Musikmarkt drängt sich auf, denn dort hat die Digitalisierung der Klänge und Töne bereits weitreichende Rationalisierungen eingeleitet: so z. B. beim Remixing, den Dub-Versionen, und vor allem beim Sampling!

Schließlich ein weiterer, vielleicht noch unheimlicher Blick in die Zukunft, der mit der Digitalisierung verbunden ist:

Audiovisuelles als »Multiple choice«-Angebot. Wenn man ständig damit konfrontiert ist, verführt es regelrecht dazu, darüber nachzudenken, wie standardisiert mittlerweile die filmische Produktion ist. Man wird richtiggehend daraufgestoßen durch die Fortgeschrittenheit der aus gleichförmigen Bausteinen zusammengesetzten kulturindustriellen Dramaturgie. Was heißt Multiple-choice-Dramaturgie? Nichts anderes, als daß der Zuschauer nicht nur mehr zwischen verschiedenen filmischen Angeboten wird wählen können, sondern daß diese Optionsmöglichkeit auch innerhalb des einzelnen filmischen, audiovisuellen Produkts offeriert wird.

Das ist alles keine reine Zukunftsmusik. Die Ansätze sind im Industrie-Video (mit der Bildplatte als Träger) schon vorhanden. Aber auch für die Präsentation im öffentlichen Raum denkbar: ein Beispiel ist etwa ein Versuchskino im »MediaLab« des MIT in Boston, Massachusetts, mit Vernetzung der Kinositze durch einen Zentralcomputer. So käme es zu einer Industrialisierung des Filmischen auf der Entwicklungsstufe der »Computation«, der Verbindung herkömmlicher Kommunikationstechniken mit der Universalmaschine Computer.

Von da ist es nicht mehr allzuweit zum Einstieg des Zuschauers selbst (der dann keiner mehr ist) in den filmischen Diskurs. Woody Allens »Zelig« und »Purple Rose of Cairo« verweisen mit herkömmlichen kinematographischen Mitteln schon in diese Richtung.

Zusammenfassung. Wir stehen also am Beginn einer neuen historischen und kulturellen Form des »Filmischen«. Denn die erwähnten Phänomene haben nicht viel mit herkömmlichem Kino oder traditionellem Fernsehen in ihren typischen dispositiven Formen zu tun. Die neue Stufe, um die es geht, ist die *entwickelte AudioVision.*

Nochmals die wichtigsten Punkte der neuen Qualität. Die neue Stufe des filmischen Diskurses ist gekennzeichnet durch:

- Dezentralisierung, der Diskurs ist individualistisch, privat, organisiert in kleinen Gruppen und Kollektiven;
- Das Filmische ist ohne festen Ort, d. h. mobil, als zweiter Pol

gegenüber der ebenfalls stattfindenden Gigantomanisierung einiger Kino-Orte;

- Das Filmische ist »interaktiv«, flexibel und vermag mit der komplexer werdenden Konservierung auf das wachsende Bedürfnis nach zeitlicher Selbstbestimmung zu reagieren, das sich die Industrie der Restzeitverwertung zunutze macht.
- Die Illusionierung der Menschen ist nicht mehr nur von Technik abhängig, sondern das Medium ist die Technik, die jeweilig spezifische Materialität der Medien wird zunehmend zu ihrer Botschaft.
- Das Illusionspotential wird gewaltig erhöht. Realität und Medium fallen in der »Medialität« zusammen. Alltagswirklichkeit hat sich bereits zu guten Stücken in Formen von Film vergegenständlicht. Die neue Stufe wird sein: filmische Realität wird wiederum zum Ausgangsmaterial für die Herstellung der neuen AudioVisionen.

Karl Sierek

Geschichten am Schirm. Ein nützliches Vademekum aus der Theorie des televisionären Dispositivs

Daß Stillstand und Bewegung aufeinander bezogene und nur vom jeweils anderen aus zu qualifizierende Zustände sind, hat sich mittlerweile herumgesprochen; nicht nur in der Physik. Wenn sich etwas in der Zeit ändert, also bewegt, so hat, wer dies Bewegte sich bewegen sieht, einen Ort, von dem aus er die Bewegung betrachtet. Und dieser Ort steht still. Wer Phänomene in der Zeit und in der Veränderung betrachten will, sieht zuerst das, was diese verbindet: die Bewegung als von seinem Ort aus betrachtet Gleiches. Wer umgekehrt einen Schritt durch die Zeit macht und schaut, was *ist*, bemerkt zunächst, daß alles ihm entschwindet: denn *er* ist es, der sich bewegt. Und aus seiner Bewegung fällt ihm auf, daß alles anders ist.

Beide Betrachtungsweisen können brauchbare Ergebnisse liefern. Die eine, diachrone, betrachtet die historische Dimension eines Phänomens, die andere, synchrone, konzentriert sich auf den Status quo. De Saussure hat die erste dieser beiden Perspektiven mit dem *Ablauf* einer Partie Schach verglichen, die zweite mit dem jeweiligen Stand des Spiels in einem festgelegten Augenblick. Bei den folgenden Ausführungen schlage ich mich auf die Seite der Synchronie. Sie »befaßt sich mit logischen und psychologischen Verhältnissen, die zwischen gleichzeitigen Gliedern, die ein System bilden, bestehen, so wie sie von einem und demselben Kollektivbewußtsein wahrgenommen werden«[1]. Ich betone dies deshalb, weil ich durchaus nicht ausschließen möchte, daß eine diachrone Analyse zu anderen, wenn nicht entgegengesetzten Ergebnissen führen könnte.

Man geht *ins* Kino und betritt dabei eine Maschine, *in* der man Platz nimmt: hinten ein Projektor, vorne eine Leinwand, dazwischen, eingeklemmt und auf einem festen Platz fixiert, Aug' und Ohr. Diese Maschine, deren *Bestandteil* der Zuschauer wird, ist abgeschottet von draußen, von anderen, alltäglichen Formen der Wahrnehmung und der sozialen Partizipation. »Wir fühlen«, hat Hugo Münsterberg schon im Jahr 1916 über diese spezifische Kino-Erfahrung geschrieben, »daß sich unser Körper der Perzeption anpaßt«[2], um an anderer Stelle zu betonen: "Our minds invade this object on the screen and are cut off from all other engagements"[3]. Die architektonischen und funktionellen Rahmenbedingungen gestalten also eine Höhle, die den umgibt, der sie benutzt.

Diese Grundsituation ist mit wenigen Worten durch folgende Kriterien umrissen:

- Dunkelheit des Saales
- relative Immobilität des Zuschauers
- klar vorgegebene Zeit der Vorführung, Geschlossenheit der erzählten Geschichten

Aus diesen spezifischen Faktoren kann das Kino seine Effekte entwickeln, die soweit perfektioniert wurden, daß Hitchcock, übrigens auch auf Münsterberg zurückgreifend, mit Fug und Recht behaupten konnte, er spiele im Kino »on the keyboard of our minds«. Alle kinematographischen Verfahrensweisen, seien es nun die Wahl einer Einstellungsgröße, die Positionierung der Kamera oder die Konstruktion einer Montagefigur - wenn auch selten so bewußt wie bei Hitchcock - beziehen sich auf diese Grundsituation.

Ein Beispiel: Jede handelnde Figur aus einem Spielfilm braucht, um handeln zu können, einen Raum, in dem sie sich bewegt. Um diesen Raum zu zeigen, begnügt man sich selten damit, *eine Einstellung* ablaufen zu lassen und sie einfach so zu wählen, daß sie in ihrer zeitlichen Einheit das zeigt, was für die Bewegung der Figur vonnöten ist. Man baut also *verschiedene Teile* des Raums in *verschiedenen Einstellungen* so zusammen, daß sie aneinandergereiht dem Zuschauer ein Gefühl der Homogenität der dargestellten Situation vermitteln. Der Zuschauer erhält verschiedene Aspekte - Gesichtspunkte, Kamerastandpunkte - geliefert und setzt sie selbst von seinem *zentralen* und statischen Gesichtspunkt aus zu einem geschlossenen Gefüge zusammen. Er gerät also nicht nur in bezug auf die *einzelne* Einstellung in die Position, die seit der Renaissance der durch eine Camera obscura blickende Landschaftsmaler als Mittelpunkt der Welt einnimmt, dem sich die Erscheinungen im Fadenkreuz aufgerastert darbieten, sondern er wird auch durch den *Einstellungswechsel* systematisch als alles sehendes, zentralisiertes Subjekt in die ablaufende Geschichte involviert. Dabei weitet er in seiner Vorstellung das Feld seines Sehens über das hin aus, was auf der Leinwand erscheint. Dies ist allerdings nur dann möglich, wenn der Unterschied zwischen dem alltäglichen Leben des Zuschauers und der Situation im Kino möglichst groß ist. Also verdunkelt man den Saal und hält den Zuschauer in weitestgehender motorischer Immobilität. Erst dadurch kann der fürs Kino spezifische Effekt, der in der Vorstellung Sichtbares und Nicht-Sichtbares zu einem *homo-*

genen Raum vereinigt, sich entfalten. Dieser Trick ist (fast) so alt wie das Kino. Münsterberg hat ihn mit der Situation im Theater verglichen: »Bühnenregisseure haben oft den Versuch unternommen, diese Unterschiede [zwischen Theater und Leben, K.S.] zu vermindern, indem sie zum Beispiel das Publikum ebenfalls in einem vollbeleuchteten Saal ließen. Sie mußten dabei allerdings die Erfahrung machen, wie sehr durch die Schwächung des Gefühls der Distanz zur Wirklickeit die dramatische Wirkung vermindert wurde. Film und Theater ähneln einander in dieser Hinsicht ganz offensichtlich. Auch die Leinwand suggeriert vom Beginn an die vollständige Wirklichkeit der Ereignisse.«[4] – Und eine der besten dramatischen Wirkungen des Kinos besteht im Aufbau umfassender Räume, die sich ihrerseits wiederum zu einer eigenen geschlossenen imaginären Welt zusammensetzen.

Weitere Zeugen zur Erhärtung dieser alten These – sei es Bazins Theorem der zentrifugalen Wirkung des Filmbilds, seien es die etwas komplexeren Theorien über die Genese des kinematographischen Dispositivs – möchte ich hier nicht anführen. Ich begnüge mich mit dem Hinweis, daß das Kino nicht nur durch die spezifische Architektur des Saals den Zuschauer in einen Hohlraum bettet, der ihn zum Mittelpunkt einer imaginären Welt werden läßt. Auch die Art des Einstellungswechsels, die Stellung der Kamera im Verhältnis zu den abzufilmenden Objekten oder die Wahl entsprechender Brennweiten und Lichtsetzungen weiten das »reale« Sichtfeld der Leinwand zu einem imaginären Raum, der meist größer ist als der Saal, immer aber in ganz anderer Konsistenz. Diese diskursiven Faktoren zusammen bewirken, daß der Zuschauer im Kino jede Bewegung, die er auf der Leinwand verfolgt, in indirekter Weise auf sich selbst bezieht. Nicht er fixiert die Leinwand, sondern diese ihn; sie schraubt ihn fest und gibt ihm im Austausch für diesen Zwang das (imaginäre) Privileg, der Mittelpunkt zu sein, um den die Welt sich dreht.

Es liegt auf der Hand, daß sich das Verhältnis des Zuschauers zum *Fernsehbild* ganz anders gestaltet: Egal ob der Fernsehschirm sich innerhalb eines Wohnungsverbandes – also im Wohn-, Schlaf- oder in einem eigenen Fernsehzimmer – befindet, oder im öffentlichen Raum aufgestellt ist, er steht immer *innerhalb* eines vorhandenen Ensembles, das verschiedenste Funktionen und nicht nur die des Bildersehens erfüllt. Er ist ein Einrichtungsgegenstand wie etliche andere auch. Während man also *ins* Kino geht, befindet man sich *beim* Fernseher. Dieses Gerät erzeugt keine Höhle, von der man umhüllt ist, sondern ist ein massiver statischer Körper, der sich gegen den Betrachter hin abschließt. Und als Möbelstück wird es entweder zu einem Accessoire oder zu einem Hindernis bei diversen alltäglichen Verrichtungen. Das Fernsehgerät ist einfach da, ob es läuft oder nicht. Oder noch besser: es läuft nicht, sondern steht, undurchdringlich, während ich um es herumlaufe, mich bewege und von ihm durchdrungen werde. Dieser Kugelkopf lädt also ein, ihn zu *umrunden*. Deshalb wird seitens der empirischen Sozialforschung der Fernseh»konsum« maßgeblich auch als sogenannte »Sekundärtätigkeit« untersucht. Mehr als 80 Prozent der Nutzer des Vorabendprogramms, heißt es in repräsentativen Umfragen aus der BRD, betätigen sich neben dem Fernsehen noch anderwärts, gehen herum, arbeiten, hören Radio oder telefonieren. Das Fernsehgerät schmilzt also zu einem Punkt zusammen, um den herum man sich bewegt, von dem man abschweift und dem man sich bisweilen wieder zuwendet.

Es ist aber nicht nur die *physische* Motorik des Zusehers, sondern ebenso seine *Aufmerksamkeit*, die auf den Punkt des Geräts sich richtet bzw. von ihm läßt. Auch der *Blick* rutscht ab am äußeren Rand des Gehäuses und schweift fortwährend weg in den Raum, der den Apparat umgibt.

Diese Einrichtung verlangt von ihrem Benutzer gar nicht, sich auf sie zu konzentrieren. Sie definiert ihn, wenn überhaupt, so als einen, der immer schon woanders ist, als er gerade war. Während das Kino ihm einen festen Platz und somit einen stabilen *Gesichtspunkt* zuweist, ist an dem Verhältnis zwischen Fernsehgerät und Zuschauer nur einer fix: der Apparat. Er zerstreut, was im Kino gebündelt wird. Der Apparat wirft nicht von vielen Punkten, von einer Fläche ausgehend, seine Strahlen oder Informationspartikelchen auf einen Punkt, er projiziert nicht ein zentrales Subjekt, sondern sieht sich selbst inmitten einer Vielzahl zerstreuter und bewegter Punkte. Der Fernsehende hat ihm gegenüber folglich keinen *Standpunkt*, sondern deren viele. Im Kino sieht er als virtuell *Einziger* das um ihn sich bewegende *Alles; beim* Fernseher wird er als *Vielzahl* und als *Bewegter* von dem Einzigen gesehen. Und dieser Einzige und Runde, dieser zentralisierte *Apparat*, sieht alles und ist überall. Er liefert die *Welt*, auf den *Punkt* gebracht. Und: er liefert sie an ein *bewegtes und zerstreutes »Subjekt«*.

Der Wechsel von einer Einstellung zur nächsten kann sich also am Fernsehschirm nicht mehr am kategorischen Imperativ der geschlossenen Szene einer dargestellten imaginären Welt orientieren, sondern sprengt den Raum der erzählten Geschichte, weil der Raum, in dem sie erzählt wird, zu stark präsent ist. Während die von Bazin als zentrifugal bezeichnete Wirkung des Filmbildes die Beziehung zwischen dem sichtbaren Bereich der Aussagen als dem »In« und dem jeweils abwesenden, unsichtbaren Teil der Diegese (technisch gesprochen: dem »Off«) regelt, fällt es beim Fernsehgerät sehr schwer, das jeweils Abwesende in den Diskurs einzubinden. Denn dieses Spiel von Anwesendem und Abwesendem braucht die Vorstellung eines in sich gleichartigen und geschlossenen Raums. Fehlt diese Voraussetzung, und zerfällt dieser Raum in einzelne nur zeitlich aneinandergereihte Partikel, so wird die Macht der imaginären Geschichte reduziert und die sinnstiftende Differenz zwischen Abwesendem und Anwesendem zerfällt. Und genau das ist im Fernsehraum der Fall: Was ist jenseits des am Schirm Sichtbaren? Nicht das Schwarz des Kinosaals, sondern ein äußerst präsenter, heller Raum mit Bedienungsknöpfen, Ehebett oder Wohnlandschaft und vor allem mit der Fernsehleuchte. Sie weitet das um das Gerät befindliche Feld und bestimmt es als eines, das nichts mit den Bildern am Schirm gemein hat. Die Lampe ist eine der Brücken, die den Seher mit dem verbindet, was Kino bemüht ist auszugrenzen. Pointiert gesprochen hieße das, die Television hat kein diegetisches Off. Jedenfalls tut sie sich schwerer, den nicht sichtbaren Bestandteil der eingebildeten Welt in die Einbildung des Sehers einzubauen. Der Gegenschuß einer TV-Einstellung ist nicht die nächste TV-Einstellung, sondern die Welt des Sehers. Ihm fehlt die entsprechende raumbildende Funktion, die der klassische Kino-Einstellungswechsel erfüllt. Der TV-Einstellungswechsel bewegt sich weniger von einem Ort der Geschichte zum nächsten, nicht von einem Aspekt zu einem, der eine andere Seite des Schauplatzes enthüllt, sondern er bewegt sich Punkt auf Punkt. Er lagert sich eher am Ort tretend übereinander und sendet nur Signale der *Veränderung* aus, ohne zu definieren, welche dies sein könnten. Er ist, um eine Idee Lawrence Grossbergs[5] zu paraphrasieren, indifferent gegenüber der Darstellung einer Gegebenheit und gibt sich als pure Veränderung ohne weitere Spezifikation.

Die Folgen dieses grundlegenden Unterschieds zwischen Kino und dem beschriebenen televisionären Dispositiv sind nicht zu unterschätzen:

- Wenn ich als Zuschauer beim TV-Gerät mich nicht mehr stabil positionieren kann, so kann ich die Bilder am Schirm auch nicht mehr so lesen, wie ich es im Kino gelernt habe.
- Wenn der Zuschauer die Bilder nicht mehr wie im dunklen Kinosaal durch seine Vorstellungskraft zu einem geschlossenen Raumgebilde synthetisieren kann, sondern dabei von den peripheren Raumbedingungen und der Meublage behindert wird, so hat es

auch keinen Sinn, sie ihm etwa nach der klassischen Découpage von Mastershot/Amerikanische/Großeinstellung/Großeinstellung und wieder Großeinstellung vorzusetzen. Ich halte es auch für einen ausgemachten Unsinn, etwa darauf zu beharren, TV bräuchte, der Größe des Schirms angepaßt, mehr solcher Großaufnahmen. Ein Grund für diese unhaltbare Behauptung scheint mir darin zu liegen, daß ein Kriterium der Lektüre im Kino oft unbesehen auf die gänzlich andere Situation vor dem Fernsehschirm übertragen wird. Denn auch wenn noch so große Großeinstellungen gemacht und sie noch so häufig aneinandergereiht werden, so entsteht deshalb noch lange nicht das, was eine Großeinstellung im Kino an Effekten wachruft. Wer dieses Argument strapaziert, schielt – sicherlich weitgehend unbewußt – vom kleinen Schirm auf den Großen Bruder und scheint noch nicht auf die Idee gekommen zu sein, daß dies bei den vielfältigen eigenen Möglichkeiten der Television gar nicht notwendig ist. Sollten die Großeinstellungs-Fetischisten sich auf wahrnehmungspsychologische Argumente stützen – was ja nicht selten geschieht – so sei ihnen immanent mit den eigenen Ansätzen geantwortet. Arnheims Größenkonstanz-Theorem, der Gestalttheorie entnommen, beweist zur Genüge, daß eine noch so kleine Bildfläche auch Totalen verträgt. Oder, um willkürlich ein anderes Beispiel eines kinematographischen Code-Systems zu nehmen: so großartig der vernahtende Effekt des Schuß/Gegenschuß-Rituals *im Kino* ist, am Schirm kann er nicht funktionieren.

Wie ich als Zuschauer vor dem Schirm genötigt bin, von denen des Kinos abweichende, nämlich vor allem *nicht-räumliche* Lesearten zu entwickeln, sollte auch ein sensibler Fernsehmacher diese anderen Lektüren antizipieren bzw. zumindest durch eine offene Schreibweise ermöglichen. Warum könnte er nicht, was in gewissen Präsentationssystemen bereits zu Beginn unseres Jahrhunderts vorgeführt wurde, langsam auch in die eigene Arbeitsweise übernehmen?: Zu einer Musique d'ameublement würden etwa im Sinne Eric Saties aus dem Fernseh-Möbel doch durchaus so etwas wie *images d'ameublement* strahlen. Damit wäre der Alleinvertretungsanspruch auf Darstellung nach den obsoleten Prämissen der euklidischen Geometrie ebenso aufgegeben wie die so illusorische wie größenwahnsinnige Vorstellung eines in sich konsistenten, nur auf den Bildschirm gaffenden »Subjekts«, das sich nach den Wünschen der Programm-Macher und den Zwängen des prosperierenden Markts der Neuen Medien vollständig in den Flimmerbildern verlieren soll: Nicht Verzicht auf den Dauerbeschuß, sondern Einsicht in die Funktionsweise nicht-mehr-substantieller, flacher, flüchtiger, offener Bilder, die sich in ihrer ephemeren Rolle auch jeglichem Herrschaftsanspruch verschließen.

Manchmal scheinen die Programm-Macher - zufällig oder bisweilen auch gegen ihren Willen - davon schon etwas begriffen zu haben. Denken wir an ein besonders schönes und darüber hinaus noch funktionales Möbelstück, denken wir an den Wurlitzer. Er steht herum und steht für sich, man geht hin und wirft eine Münze für drei Minuten Musik ein und wendet sich dann wieder seiner Strickerei oder dem Telefon zu. Doch kaum haben die Programmverantwortlichen des Österreichischen Rundfunk-Fernsehens (ORF) diese schöne Idee eines Bilder-Möbels geboren, bringen sie sie schon wieder um, indem sie daraus - eine Show machen. Statt sich darauf zu besinnen, was die Musikbox mit dem Fernsehgerät verbindet, statt sie beide als Generatoren von Images et musiques d'ameublement zu verstehen, stülpen sie in Ermangelung des Wissens um den Apparat, mit dem sie spielen, oder vielleicht aus einem - durchaus berechtigten - Mißtrauen gegen die eigene Erfindungsgabe eine Präsentationsform aus dem 19. Jahrhundert darüber und ersticken den Keim einer durchaus tragfähigen ästhetischen Innovation unter einem Bodensatz abgelagerter Versatzstücke aus Spektakel, Kabarett und Music-hall. Nicht selten ist das Publikum ohnehin raffinierter als die, die vorgeben, sich auf dessen Niederungen herabzulassen. Statt sich dem Regime eines Showmasters zu unterwerfen, nehmen sie die Bilderwahl selbst in die Hand, schalten also den Apparat eines längst obsolet gewordenen Spektakels aus und greifen zur Fernsteuerung. Welch weitreichende Konsequenzen dieses *Zappen* oder, wie ich es nennen würde, »Wellenreiten« (also auf den Schaumkronen visueller Reize die Wellentäler vorgestriger Präsentationsformen überspringen) hat, müßte eigens besprochen werden; nur soviel: Wellenreiten könnte durchaus als Rückeroberung verlorengegangener Initiative des Wellenreiters verstanden werden.

Wie schlampig oder technik-fetischistisch die Realisierung durchaus tragfähiger Ideen ist, läßt sich auch aus anderen Details erkennen: nicht nur in der leidigen Wurlitzer-Sendung, sondern auch bei Verwendung von Auto- oder Transistorradios in nicht wenigen Fernsehspielen wird dann, wenn Musik aus einer solchen Anlage dringt, mit allen Mitteln der Studiotechnik die Qualität des Tons, man sagt: verbessert, tatsächlich aber nur zu einem schalen High-tech-Einheitsbrei aufgemotzt und damit seines *Körpers beraubt*: Ein Wurlitzer hat keinen HiFi-Ton, ebensowenig jubiliert ein Transistorradio, das der Herr Kommissar in der Sendung »Kottan ermittelt« aufdreht, im

18.000-Hertz-Bereich. Das sind vielleicht lächerliche Beispiele, doch stehen sie als solche für eine meines Erachtens grundlegende Einstellung der Fernsehmacher zu ihrem Instrument: Wie sollte man mit den spezifischen ästhetischen Möglichkeiten eines höchst avancierten Systems umgehen können, wenn man nicht einmal verstanden hat, worin die Besonderheit einer Musikbox oder eines Transistorradios besteht?

Wenn ich von Präsentationsformen des 19. Jahrhunderts gesprochen habe, so hat das einiges mit der eingangs erwähnten Problematik des Aufbaus einer geschlossenen imaginären Welt im Kino und des Ausschlusses aus dieser Vorstellung beim Fernsehgerät zu tun. Was hat sich unter anderem in der radikalen Umbruchszeit von der Urgeschichte des Kinos zu jener Form, die seither auch heute noch eine gewisse Gültigkeit beansprucht, also etwa zwischen 1906 und 1916, verändert? Welche von den Verfahrensweisen des Jahrmarkts, der Music-hall und des Kabaretts wurde aus dem, was man *heute* Kino nennt, entfernt? Genau diejenige, die einige Jahrzehnte später im Fernsehen wieder reüssiert hat: jemand tritt auf, glotzt uns mehr oder minder faszinierend an und schwingt sich zu einem Conférencier, Show- oder Talkmaster auf oder kommentiert als Moderator für bzw. mit uns das Weltgeschehen, das hinter seinem Rücken über Blue box eingespeist wird.

Während sich der Betrachter eines Films im Kino als Ungesehener und Unangesprochener gemächlich in seine Lage einnisten kann, wird er in der dem Kino vorangehenden und ihm nachfolgenden Form des Spektakels - nämlich am Jahrmarkt, in der Music-hall *und* im Fernsehen - fortwährend direkt angesprochen. Das Geschehen richtet sich in *expliziter* Weise an ihn: »Meine Damen und Herren, wir präsentieren Ihnen . . .« und so fort.

Das mag konsequent erscheinen, denn, wie eingangs erwähnt, kommen einige Rahmenbedingungen dessen, was ich das televisionäre Dispositiv nenne, diesen Diskursformen durchaus entgegen. Merkwürdig und wesentlich weniger konsequent ist nur, daß in dieser Rhetorik unzählige Programmteile - Fernsehspiele, Krimiserien und nicht zuletzt natürlich Kinofilme - eingeschoben sind, die weiter auf dem Register der platonischen Kinohöhle zu spielen versuchen und am Schirm kläglich scheitern müssen. Man sieht, daß all das, was die Qualität des Großen Kinos ausmacht, am Schirm aus fundamentalen Gründen der Funktion und der Architektur des Fernseh-Dispositivs gar nicht zur Entfaltung kommen kann. Zugleich aber stellt das Fernsehen eine Einrichtung zur Verfügung, die ihrerseits eine Reihe von Rahmenbedingungen schafft, die den Zuschauer

– oder besser: den beim Schirm Anwesenden – zu einer genuin neuen Stellung zu dieser Einrichtung veranlassen könnte und ihn als ein *vazierendes Subjekt* definiert, das wesentlich freier und prozessualer sein könnte als das des Großen Bruders aus der Höhle des Kinos.

Bei dem neuen Konzept der Nachrichten-Show »Zeit im Bild« im Österreichischen Fernsehen geschieht zum Beispiel folgendes: der Sprecher und ein Kommentator treten gemeinsam in einen Dialog über die via Blue box im Hintergrund eingespeisten Bilder. Sie beziehen den Zuschauer über Blicke in die Kamera und direkte Anrede in ihren Dialog ein und reißen damit die Barriere zwischen ihrer Welt und dem Fernsehzimmer ein. Gleichzeitig bauen sie eine neue Schwelle auf, nämlich die zwischen ihnen und dem Publikum als Dialogpartner auf der einen Seite, und dem Gegenstand ihrer Rede – den Bildern der Nachrichten samt deren Aussagen über die Ereignisse – auf der anderen. Sie bilden also einen erweiterten Zuschauerraum, bestehend aus dem Fernsehzimmer des Konsumenten und dem *Studio* mit den Sprecher-Stars, jedoch mit größerer Affinität zu den Versatzstücken und Diskurskonventionen der privaten Welt, nämlich zum »lockeren« Plausch. Erst dahinter und durchaus am Rande läuft die Aussage mit ihrer referentiellen (auf das Reale verweisenden) Funktion.

Ähnlich, wenngleich noch radikaler funktionieren die aus Großbritannien stammenden Typen von TV-Shows, wie etwa die Rudi Carrells. Diese höchst interessante und nicht unkomplizierte Sendung ist nicht nur ein schönes Beispiel für die These, das Fernsehen liefere uns die Welt »auf den Punkt« gebracht, sondern illustriert außerdem, wie sehr am Schirm der *zeitliche* Ablauf die *räumliche* Entfaltung einer geschlossenen und überblickbaren Vorstellung *schluckt*: Rudi weiß alles. Er geht irgendwohin, mit dem Mikro in der Hand, spricht einen wildfremden Menschen an und sagt ihm: »Sie lieben Jazz« oder: »Sie haben heute Geburtstag«. Er könnte auch hier sitzen, neben Dir, werter Leser (der Du natürlich ein anderer bist als der in den televisionären Diskurs verwickelte), oder neben mir in der Fernsehliege, während die Rudi-Carrell-Show am Schirm flimmert. Schließlich hat man das ja eben gesehen: ein ganz normaler Mensch wie du und ich, Angestellter eines Krankenhauses, Pensionistin oder Zollbeamter, geht nach einem anstrengenden Arbeitstag nach Hause. Und wer steht vor der Tür? Rudi in Fleisch und Blut. Es stellt sich heraus, daß er alles weiß über mich, daß er sogar meine geheimen Wünsche kennt, die ich selbst noch nie auszusprechen wagte oder die ich gar nicht kenne. (Nebenbei bemerkt: wußtest Du, daß vielleicht auch Deine geheimsten Wünsche schon von einem Team von Rechercheuren erhoben und darauf überprüft worden sind, ob sie in den Rahmen dieser Show passen?) Doch über diese bedenklichen Praktiken will ich (der ich natürlich ein anderer bin als der in den televisionären Diskurs verwickelte) nicht schreiben. Ich will nur darauf hinweisen, daß Rudi kein einfacher Star ist, der mit meiner physischen Existenz im Grunde nichts zu tun hat, sondern daß er - so wird in dieser Show glaubhaft gemacht - potentiell überall *physisch* anwesend ist. Ich trete folglich nicht - wie im Kino - in die Fiktion ein, sondern die Fiktion tritt umgekehrt zu mir heraus. Und dies nicht nur, weil man möglicherweise aus meinen Freunden Informationen über mich herauspreßt, sondern auch, weil die nächste Einstellung jeweils nicht ein anderer Aspekt ein und desselben imaginären Raums ist, sondern das Wohnzimmer eines Fernsehers, wie auch ich einer bin. Denn was immer neben dem sichtbaren Bild im Off sein mag, es führt nie zum Aufbau eines geschlossenen fiktiven Vorstellungsraums: alles was nicht sichtbar ist, ist nicht, oder es ist real. Folglich können in dieser Show alle nur denkbaren Handlungsorte aneinandergereiht werden, ohne sie - bis auf die zentrale Funktion des Show-Masters - miteinander in Bezug zu setzen:

1. Einstellung: Studio mit Publikum - live
2. Einstellung: Landstraße in Norddeutschland
3. Einstellung: Gesangsnummer eines Teilnehmers auf der Bühne eines anderen Studios
4. Einstellung: Geburtstagsfeier in einer Scheune in der Lüneburger Heide. Und so weiter.

Die Konsistenz und Linearität von geschlossenen Handlungsräumen wird also ersetzt durch ein rein zeitliches Prinzip der Reihung.

Ich will damit keineswegs behaupten, im Fernsehen ließen sich keine Geschichten erzählen. Jedoch sicherlich keine, die in die Tiefe gehen: weder in die Tiefe einer imaginären Räumlichkeit, die der Schirm nicht generieren kann, noch in die Tiefe einer bedeutungsschwangeren Substantialität, die heute auch dem Kino niemand mehr abnimmt. Sehr wohl aber kann ich mir Er*zähl*ungen vorstellen, die, beim Wort genommen, den zeitlichen Ablauf wie auf einer Perlenschnur aneinanderreihen und statt einem diskreten *Erzählfluß* den Duktus eines digitalen *Erzählvorgangs* vermitteln. Die Stärke des Fernsehens ist nicht die Gestaltung von Erzähl*räumen*, sondern von fragmentarischen Zähl*zeiten*.

Das avancierte technologische Präsentationssystem Fernsehen hat also in seinen trivialsten Programmeinheiten schon rudimentär eine ebenso avancierte Erzählweise entwickelt. Vergleicht man sie mit sogenannten »ambitionierten« Projekten aus den Fernsehspiel-Abteilungen der großen, wie sie sich selbst nennen: »Anstalten«, so ist man bisweilen schockiert, wie behäbig, weil noch immer den Kodes des Kinos verpflichtet, in diesem Genre *verfahren* wird. Tatsächlich: die Situation wird so lange *verfahren* bleiben, bis man eingesehen hat, daß das Fernsehen sich längst schon radikal emanzipieren hätte können und keine Veranlassung haben müßte, immer noch zum Großen Bruder ängstlich hinüberzuschielen. Wenn immer wieder - durchaus zu Recht - behauptet wird, der (österreichische) Kinofilm sei »abgekupfertes« Fernsehen, so möchte ich dem entgegensetzen: das Fernsehspiel seinerseits ist noch viel zu sehr den ästhetischen Verfahren des Kinos verpflichtet und hat deshalb als Zwitterwesen noch allzu wenig die Möglichkeiten des eigenen Basisapparats und seiner Rahmenbedingungen eingesetzt. Statt das Kino ästhetisch zu *ersetzen*, versucht es noch immer, es mehr schlecht als recht *nachzuäffen*. Und *dazu* ist es nicht geeignet. Wenn man akzeptieren würde, daß beide Präsentationssysteme wirklich auf gänzlich verschiedenen Grundlagen beruhen, hätte es das Fernsehen auch nicht mehr nötig, in einem verkappten Versuch des Vatermords dem Kino das Wasser abzugraben. Ich meine das durchaus auch in Richtung auf die sogenannte Förderungspolitik des ORF bei den vom Österreichischen Filmförderungsfonds exekutierten Koproduktionen zwischen Kino und Fernsehen. Mein Vorschlag: Schlußmachen mit den hybriden Zwitterwesen, und stattdessen eine Abstandszahlung einführen, die der ORF für jeden Kinofilm, den er auf sein Programm setzt, zu entrichten hätte. Und dieses Geld sollte dann, wie dies übrigens in etlichen Ländern bereits praktiziert wird, der Produktion und Verwertung von reinen Kino-Filmen im Low-Budget-Bereich zur Verfügung gestellt werden. Oder, um auf die eingangs erörterte Wurlitzer-Idee zurückzukommen: Statt Präsentationssysteme und die von ihnen erstellten Verfahrensweisen zu einem Einheitsbrei zu amalgamieren, laßt sie das sein, was sie am besten können: Fernsehen Fernsehen, Kino Kino. Da, was ich durchaus verstehe, es nicht möglich ist, auf die Ausstrahlung von Kinofilmen im Fernsehen zu verzichten (woraus man übrigens sieht, wie zäh die Qualität des Kinos sich hält), schlage ich dem ORF vor: Installieren Sie ein Kino, das zeitgleich zur Ausstrahlung eines Kinofilms im Fernsehen diesen nicht über Videogroßprojektion, sondern auf Zelluloid und in angemessener Kinoqualität auf Leinwand projiziert. Wenn Sie verglichen haben werden, wie was wo wirkt, werden Sie vielleicht verstanden haben, worüber ich hier spreche.

Abschließen möchte ich deshalb mit einer Bemerkung eines Regisseurs, der für das Kino und für den Fernsehschirm gleichermaßen gearbeitet und dabei meines Erachtens mit großem Verständnis den Besonderheiten des jeweiligen Präsentationssystems Rechnung getragen hat. Jean-Luc Godard sagt in seinem »Scénario du film passion«: »Beim Fernsehen sind sie nie vor der Leinwand; die, die reden, die Sprecher, sind nie vor der Leinwand. Das Bild ist immer hinter ihnen, dahinter, nie davor. Die vom Fernsehen, die sehen nichts. Sie sehen nichts, weil sie den Bildern den Rücken zukehren. Sie sind nicht den Bildern gegenüber. Das Bild ist hinten, sie können es nicht sehen. Das Bild sieht sie. Die die Bilder *bearbeiten*, die sehen sie. Die die Bilder bearbeiten, stoßen die Nachrichtensprecher in den Hintern. So bekommt man es von hinten besorgt. Man sollte doch nicht vergessen, der Arsch ist hinten und das Geschlecht ist vorne. Die Arbeit. Sehen ist Arbeit. Den Übergang sehen vom Nicht-Sichtbaren zum Sichtbaren, um ihn später belegen zu können.«

Anmerkungen

1 Saussure, Ferdinand de: Grundfragen der Sprachwissenschaft. - Berlin (West) : 1967, S. 119

2 Münsterberg, Hugo: The Photoplay. A Psychological Study. - New York : Dover 1970, S. 36

3 ebd., S. 23

4 »Stage managers have sometimes tried the experiment of reducing these differences, for instance, keeping the audience also in a fully lightened hall, and they always had to discover how much the dramatic effect was reduced because the feeling of distance from reality was weakened. The photoplay and the theatre in this respect are evidently alike. The screen too suggests from the very start the complete unreality of the events.« Ebd., S. 75

5 Grossberg, Lawrence: The In-Difference of Television. - In: Screen 2/1987, S. 28ff

Roman Hummel

Zu einigen populären Thesen über die »Fernsehgesellschaft«

Technologische Innovationen im Bereich gesellschaftlicher Kommunikation und Information riefen seit jeher Kontroversen hervor. Noch jede Neuerung gab kulturpessimistischen Theoretikern die Gelegenheit, diese als Ursache eines prospektiven revolutionären Wandels der Sozialpsyche zu präsentieren.

Für jenen, der sich wissenschaftlich mit den Folgen der Medieninnovation auseinandersetzen will, der Änderungen in Lebensstil und kollektiver Psyche sowohl auf Produzenten- wie Konsumentenseite untersuchen möchte, greift die Beschreibung des aktuellen Phänomens ohne Berücksichtigung einer - am Ende des 20. Jahrhunderts bereits gegebenen - historischen Perspektive zu kurz; diejenigen Quellen nämlich, die die Spuren früherer Informations- und Kommunikationsinnovationen aus der Sicht reflexionsfähiger Zeitgenossen nachzeichnen, geben ein anderes Bild als jene Ideologen, die ihren Gegenstand isoliert betrachten und dabei das Allgemeine als das Einzigartige erleben.

In das Bild des spekulativen Theoretisierens über die Sozialisationswirkungen des Fernsehens paßt, daß sich tatsächlich kaum eine Arbeit mit dieser historischen Perspektive auffinden läßt. Es existieren nur mehr oder minder in sich seriös argumentierte Thesen, empirische Befunde werden jedoch von den Autoren nicht berücksichtigt. Meine Untersuchungen der letzten beiden Jahre (Hummel 1988) basieren hingegen auf der Überzeugung, daß empirische Bestandsaufnahmen sowie zeitgenössische Beschreibungen früherer Medieninnovationen in den Reflexionsprozeß über die Sozialisationswirkungen des Fernsehens einbezogen werden müssen. Das erwähnte Projekt verwertete im wesentlichen vorhandene Daten über Zeitreihen und Reichweiten, über Lese-, Fernseh- und Kinoverhalten sowie relevante Literatur. Ausgangspunkt waren einige populäre kulturkritische Thesen.

Bereits im Jahr 1910 wurden sämtliche Wiener Schulleitungen vom Bezirksschulrat beauftragt, den Schülern den Besuch des Kinematographen zu untersagen. Das neue Medium Kino erzeugte nicht nur in Wien Ängste. Der deutsche »Experte« Noack (vgl. Winterhoff-Spurk) warnte etwa gleichzeitig, im Jahr 1913, vor einer Reihe negativer Wirkungen, die der Kinobesuch auslöse: Augenbrennen, eingedrückte Lungen, erhöhte Pulsfrequenzen, Ohnmachten. Auch eine *Deutsche Volksgemeinschaft zur Wahrung von Anstand und guter Sitte* verlangte in einer Eingabe an das Innenministerium der Weimarer Republik, daß dieses etwas gegen das Kino unternehme, dessen Besuch vom Bücherlesen abhalte.

Noch in einer Inhaltsanalyse österreichischer Schulbücher von den Anfängen der Zweiten Republik bis in die frühen siebziger Jahre (Hummel 1981) konnte ich feststellen, daß der Tenor gleichgeblieben ist: wie zu Beginn des Jahrhunderts wurde in den fünfziger und sechziger Jahren der lesefeindliche Einfluß des Films beklagt.

Ähnlich tönen die aktuellen Klagen über die »TV-Generation« und die (von den Lehrern behauptete) Ausbreitung des sekundären Analphabetismus. Das Fernsehen verantworte wenn nicht zur Gänze, dann doch zum größten Teil zunehmende schulische Leistungsschwächen und Konzentrationsschwierigkeiten der Kinder: »Daran gewöhnt, sich neben den TV-Dialogen zu unterhalten, erwarten sie in der Schule ein ähnliches Programm« (Die Zeit, 16. 12. 1983). Selbst die von Kino-Kritikern der ersten Zeit bekannten Klagen über die somatischen Folgen des Konsums beweglicher Bilder finden sich wieder. Einem Bericht der Austria Presse Agentur vom 16. 12. 1986 zufolge: ». . . hätten französische Ärzte auf das Auftauchen einer Kindertelevisionitis, einer chronischen Erkrankung jugendlicher Fernsehteilnehmer, aufmerksam gemacht, die sich in Kopfschmerzen, Sehermüdung, Schlafstörungen und gesteigerter Aggressivität und Nachlassen der schulischen Leistung niederschlägt . . .« Derselbe Bericht beschuldigt das Fernsehen, beim jugendlichen Konsumenten allgemeine Unlust und Passivität zu erzeugen und jede schöpferische Aktivität zu bremsen.

Die kommunikationswissenschaftliche Grundthese dazu publizierte bereits 1969 Marshall McLuhan: Gedrucktes fördere Disziplin und Ordnung der Wahrnehmung, das Bild hingegen einen schnellen und ganzheitlichen Prozeß der Informationsaufnahme. Der Buchdruck habe die vordem ganzheitliche zugunsten einer linearen und analytischen Betrachtungsweise der Dinge abgelöst. Das elektronische Zeitalter bringe die Ganzheit zurück, mache die Verschmelzung von Denken, Handeln und Fühlen nötig. Anders als Presse, Radio und Film beteilige das Fernsehen eine ganze Bevölkerung an einem rituellen Vorgang. »Beim TV werden die Bilder auf uns projiziert, wir bilden den Fluchtpunkt, dies schafft eine Art von Innerlichkeit, eine Art umgekehrter Perspektive, wie wir sie in der östlichen Kunst finden« (McLuhan 1969, S. 125).

McLuhans optimistische Perspektive einer Gesellschaft, die durch das Fernsehen nachhaltig verändert werde, und zwar in Form einer Auflösung des linear-rationalen Denkens, steht wohl nicht zufällig am Beginn der letzten großen kulturellen Aufbruchsbewegung unseres Jahrhunderts. Die Vision einer neuen Generation, die sich engagieren werde, weil das TV sie in seinen Bann geschlagen habe, hatte damals wohl technikoptimistische Utopie zur Motivation.

Inzwischen ist McLuhans »ernsthaftes, hingabevolles Kind« einer »erbarmungslosen Fernsehgeneration« (vgl. McLuhan 1969), die aus der Welt ein »Global village« macht, herangewachsen. Es nimmt nicht wunder, daß die mächtigen Thesen des bekannten Kommunikationstheoretikers ohne Überprüfung weitergeführt werden. Joshua Meyrowitz geht von einem Entstehungszusammenhang technischer Vermittlungssysteme der Medien und sozialer Situationen wie gesellschaftlicher Wahrnehmung und Verhaltensweisen aus. McLuhans »Fernsehgeneration« sei diejenige, die im Jahr 1967 genau 18 Jahre alt gewesen sei: die erste Generation von Kindern in den USA, die mit dem Fernsehen aufgewachsen waren. Meyrowitz sieht einen Kausalkonnex von Fernsehgeneration und Bürgerrechts-, Studenten-, Frauenbewegungen: »Indem es [das Fernsehen, R.H.] ehemalige Hintergrundbereiche dem Publikum öffentlich vorführt, hat das TV als ein Instrument der Entmystifizierung gewirkt. Es hat zu einem Niedergang im Image und Prestige politischer Führungsfiguren geführt, hat den Kindern die Geheimnisse der Erwachsenenwelt verraten, den Frauen die Männerwelt enthüllt, durch diesen sozialen Wandel beeinflußt, hat es verschiedenste Proteste verursacht« (Meyrowitz 1989, S. 208).

Aufgrund seiner Popularität nimmt auch Neil Postmans Buch »Wir amüsieren uns zu Tode« (1985) einen kaum überschätzbaren Einfluß auf die Common-sense-Debatte über das Fernsehen. Postmans wichtigste These ist, daß das Fernsehen die Trennungslinie zwischen Kindheit und Erwachsenenalter verwische; dies habe drei wesentliche Gründe: erstens bedürfe es keiner Unterweisung, um seine Formen zu begreifen. Zweitens stelle es weder an das Denken noch an das Verhalten größere Anforderungen. Drittens sei es kein Zielgruppenmedium, sondern für das ganze Publikum konzipiert. Wie McLuhan meint auch Postman, daß das Fernsehen Kommunikationsverhältnisse hervorbringe, wie sie vor der Erfindung des Buchdrucks bestanden hätten. Anders als jener zieht dieser jedoch kulturpessimistische Folgerungen: Das Lesen werde zurückgedrängt, damit sinke auch die Bereitschaft, logische Fragen zu erörtern. Visuelle Stimuli müßten daher in der Schule und bei Vorträgen die frühere bloß verbale Darstellung zunehmend ersetzen.

Andere Autoren aus den U.S.A., wie Greenfield (1984) und Turkle (1984), fügen den gleichen Grundthesen entwicklungspsychologische Aspekte hinzu und gewinnen damit ein positives Szenario. Die Vorherrschaft der bewegtbildlichen Perzeption führe zu erweiterten mentalen Fähigkeiten, ohne daß die bisher entwickelten abnähmen. Die bisherige Schulerziehung sei zu wenig auf das Verstehen ausgerichtet. Lesen vermittle bloß eine serielle Aufnahme der Dinge, wogegen Bewegtbildrezeption parallele Wahrnehmungsprozesse fördere.

Auch europäische Autoren vertreten eine ähnliche, positive Meinung. Die Kommunikationspsychologin Hertha Sturm fordert den Abschied von der Wortlogik, da die Bilder überhandnähmen.

Diese kritischen Argumente in der McLuhan-Nachfolge gehören einem Bereich populärer Darstellungen an. Inzwischen existieren auch raffiniertere Theorieversuche, die erklären wollen, weshalb und in welcher Weise sich der Wahrnehmungswandel ereignet hat.

Ein erster und wichtiger Aspekt ist die *Aufmerksamkeitserfordernis*: Rasche Bildfolgen erforderten hohe Aufmerksamkeitszuwendung. Die gleichzeitig akustischen und visuellen Darbietungen führten zu einer allgemeinen emotionalen Aktivierung. Dadurch würden interpretierende und reflektierende Leistungen, Kreativität und Phantasie eher unterdrückt. Das Lesen fördere hingegen genau diese Eigenschaften. Ein weiteres Problem liege im quantitativen Bereich: Die hohe Geschwindigkeit und der häufige Wechsel der Bildfolgen zögen zwar den Rezipienten stark in Bann, die Dauer der Aufmerksamkeitsspanne vermindere sich jedoch im Vergleich zum Lesen. Die kleineren Kinder seien wohl durchaus zu länger anhaltender Aufmerksamkeit fähig, sie ließen sich jedoch vornehmlich durch formal-visuelle Oberflächenreize fesseln, unabhängig davon, ob sie nun den Inhalt des konkret Dargebotenen verstehen oder nicht; die Aufmerksamkeit älterer Kinder sei viel selektiver gesteuert und orientiere sich an Schlüsselreizen. Erst diese hätten die Fähigkeit entwickelt, ihre Aufmerksamkeitsfokussierung bezüglich der relevanten Sendungsinhalte zu kontrollieren und stabil zu halten. Dies hieße freilich, daß Fernsehen im frühen Kindesalter zwar zu einer rezeptiven Überforderung führt, daß diese aber nicht notwendig auch Sozialisationseffekte hervorruft.

Ein weiteres Argument baut darauf auf, daß das Fernsehen die Rezeptionsgeschwindigkeit und -zeitdauer vorgibt. Der Konsument kann wohl entscheiden, wann, wie oft, wie intensiv er ein Buch oder eine Zeitung zur Hand nimmt, muß es jedoch dem Bewegtbildmedium überlassen, wie und in welcher Zeit es seine Informationsaufnahme steuert.

Eine bewahrpädagogische Haltung kritisiert im gleichen Zusammenhang die sogenannten »Interferenzeffekte«. Die Filmsprache, welche ihre Einstellungen und Sequenzen in einer dem natürlichen Sehverhalten nicht entsprechenden Weise montiere, könne bei jenem Rezipienten, der sie nicht adäquat verstehen gelernt hat, Assimilations- und Integrationsprozesse erschweren. Der TV-Konsument müßte sich also dieser Anschauung zufolge zunächst unter fachlicher Anleitung Dekodierungsfähigkeit in ausreichendem Maße erwerben, bevor er sich den bewegten Bildern unkontrolliert aussetzt.

Die Dominanz des Bildes ist der Bezugspunkt eines dritten Arguments: Realitätsnähe und Konkretheit der bildlichen Darstellung förderten potentiell das bloße Hinschauen, ohne daß aktive Interpretationsleistungen erfolgen oder alternative Vorstellungen gebildet werden können. Wort-Bild-Umsprünge, damit ist ein Auseinanderklaffen oder Einander-Zuwiderlaufen von Wort- und Bildinhalten gemeint, führten vor allem bei Kindern dazu, daß sie sich vom augenscheinlich verständlicheren Bilderfluß tragen lassen, ohne daß sie der Verbalinformation genügend Aufmerksamkeit zuwenden können.

Ein wichtiger Argumentationsstrang sei zuletzt mit der sogenannten *Emotionalitätsthese* dargestellt. Die emotionale Wirkung der Bewegtbildmedien sei aufgrund ihrer Realitätsnähe und Lebendigkeit größer als bei den Printmedien. Daraus ergibt sich eine potentiell größere Gefährdung des noch ungereiften, unkritischen oder labilen Rezipienten. Als praktische Forderung ist aus dieser Kritik zu folgern, daß eine Art von *visual literacy* herausgebildet werde. Diese kann nicht automatisch erworben werden und ist auch nicht in unserer psychophysischen Ausstattung schon enthalten, sondern erfordert einen kontrollierten Lernprozeß. Mit dieser Forderung, den Umgang mit den Bewegtbildmedien als Kulturtechnik gesellschaftlich zu lehren und lernen zu lassen, unterscheiden sich die Vertreter dieser eher pädagogisch orientierten Richtung (wie Bernward Wember) von McLuhan, Postman, Meyrowitz.

Die Kritik im Licht der Empirie

Allen Thesen, die ich hier kurz vorgestellt habe, ist ein wesentlicher Mangel gemeinsam: sie wurden von den Autoren niemals empirisch überprüft. Dabei hält meines Erachtens manches, wie die Behauptung, die Studentenbewegung sei im wesentlichen durch das Fernsehen ausgelöst worden, nicht einmal dem oberflächlichen Augenschein stand. Weiters deutet nichts darauf hin, daß uns die Ubiquität von Fernsehgeräten und Fernsehjournalisten zum *global village* geführt hätte.

Es existieren jedoch empirische Untersuchungen, die mit den Behauptungen der Theoretiker bloß konfrontiert werden müssen, um für unser Thema Ergebnisse zu liefern. Ich habe dies in einem Projekt unternommen und darf deswegen feststellen: *In keiner einzigen der empirischen Fallstudien aus Österreich, der BRD und Großbritannien, die im Rahmen der erwähnten Untersuchung sekundäranalytisch ausgewertet wurden, fand sich ein Hinweis, der die angeführten Thesen bestätigt hätte.*

Im folgenden seien die fernsehkritischen Thesen mit empirischen Tatsachen konfrontiert.

Erstens. Das Verhältnis der Rezipienten zu Bild- und Schriftmedien: Die Kritiker behaupten, die alphabetischen Rezeptionsweisen würden durch die spezifische Wirkungsweise des Fernsehens in den Hintergrund gedrängt. Ich folgere, daß demnach vor allem unter Jüngeren ein starker Trend zum Konsum von Bild- anstelle von Lesemedien festzustellen sein müßte. Demgegenüber weist jedoch die Mediaanalyse für Österreich in den letzten 20 Jahren eine kontinuierliche Steigerung der Reichweiten von Tageszeitungen nach. Die zum Zeitpunkt der Untersuchung 20- bis 29jährigen, die das Fernsehen seit ihrer Kindheit kennen, wenden sich dem Bildschirm im Vergleich zu anderen Altersgruppen nicht nur am wenigsten zu, sie weisen darüber hinaus auch noch einen überdurchschnittlich intensiven Tageszeitungskonsum auf. Umgekehrt verhält es sich mit der Gruppe der über 60jährigen. Sie sehen mehr fern und lesen weniger Tageszeitungen als der Bevölkerungsdurchschnitt, obwohl man sie schwerlich als »TV-Generation« einstufen kann! Die Aussagen der österreichischen Studie werden gestützt durch ähnliche Ergebnisse bundesdeutscher Langzeituntersuchungen. Vielseherstudien (z. B. Buß 1985) zeigen, daß Kinder, die überhaupt nicht fernsehen, auch am wenigsten lesen!

Österreichische wie bundesdeutsche Untersuchungen ergeben,

daß die gegenwärtige Jugend nicht, wie kulturkritische Thesen meinen, in erster Linie Bildmedien konsumiert. Vielmehr sind Radio, Schallplatte und Kassette die wichtigsten Medien der Jugendlichen. Britische und bundesdeutsche Erhebungen enthalten auch Hinweise darauf, daß auch das Fernsehen von dieser Altersgruppe vorrangig auch als Hörmedium benutzt wird: Pop-Musik-Sendungen und Videoclips rangieren in der Beliebtheit weit vor dem Fernsehspiel.

Wenn empirische Studien aus mehreren Ländern zeigen können, daß sich zeitgleich mit der Verbreitung des Fernsehens die Zuwendung zu Lesemedien nicht nur nicht verringert, sondern sogar erhöht hat, bedeutet dies, daß von einer typischen Fernsehgeneration im Sinne McLuhans und anderer *nicht* gesprochen werden kann.

Zweitens. Konditionierung durch das Bewegtbild: Es wird unterstellt, die spezifische Darbietungsform des filmischen Bildes oder auch des Computerspieles löse ein zwanghaftes Konsumverhalten aus. Ich folgere, daß demzufolge der Anteil der »Vielfernseher« vor allem unter den Jüngeren mit der Verbreitung des Fernsehens gestiegen sein müßte. Eine Kohorten-Analyse, also die Beobachtung der Altersgruppen in ihrem Verlauf, zeigt, daß dies nicht der Fall ist. Diejenigen, die mit dem Fernsehgerät als »Amme« aufgewachsen sind, sind nicht diejenigen, die als Erwachsene von 40 oder 50 Jahren besonders viel fernsehen. Im Gesamtdurchschnitt aller Altersgruppen geht der Fernsehkonsum in den letzten Jahren zurück, trotz gleichzeitig vermehrter Programmangebote.

Freilich läßt sich die Vermutung, daß durch vermehrte Programmangebote und bessere Empfangsqualität ein erhöhter Anreiz zum Verweilen vor dem Fernsehschirm gegeben sein wird, nicht ganz von der Hand weisen. Doch hat auch die Einführung des Farb-TV keine gravierende Zunahme der Fernsehdauer beim Einzelkonsumenten zur Folge gehabt.

Drittens. Die Zurückdrängung literater Kulturtechniken: Wäre die Behauptung richtig, die Ausbreitung des Fernsehens habe den sekundären Analphabetismus wenn nicht hervorgerufen, dann doch verstärkt, so müßte empirisch belegbar sein, daß bildschirmsozialisierte Jüngere literate Kulturtechniken seltener üben als Ältere. Das Datenmaterial zeigt jedoch das Gegenteil: Die Bevölkerung Österreichs wie der BRD, insbesondere die Jugendlichen, liest heute mehr als vor 15 Jahren. Jugendstudien (Shell) beweisen, daß die Jüngeren häufiger als die Älteren Briefe, Tagebuchnotizen oder kleine Aufsätze schreiben. Freilich sind gerade in diesem Bereich zu wenige aussagekräftige Daten vorhanden, so daß seriöserweise nur gesagt werden kann, daß im vorhandenen Material nichts darauf hinweist, daß literate Praktiken zurückgedrängt werden.

Kritiker operieren gerne mit dem Hinweis auf die andersgearteten Verhältnisse in den U.S.A. Es wird zum Beispiel behauptet, daß der extensive Fernsehkonsum und die hohe Analphabetenrate miteinander zu tun hätten. Bei näherer Betrachtung der Verhältnisse liegt dagegen eher ein Zusammenhang mit dem amerikanischen Schulsystem nahe, dessen Finanzierung mit dem regionalen Steueraufkommen direkt verknüpft ist, und so einkommens- und bildungsmäßig strukturschwache Gebiete noch weiter benachteiligt.

Viertens. Das Verhältnis von Bildmedien und Selbsterfahrung: Es wird behauptet, daß die »TV-Generation« im Vergleich zur früheren Realität weniger unmittelbar und mehr aus zweiter Hand – via Fernsehen – erlebe. Dieses Argument gerät durch einen historischen Vergleich schnell ins Wanken: es wurde im 17. und 18. Jahrhundert schon häufig gebraucht – gegen die Zeitung. Daß es die Wirklichkeit aus zweiter Hand gebe, ist eine Kritik, die gegen jedes Informationsmedium vorgebracht werden kann.

Hilde Himmelweit führt eine Untersuchung an, die 1958 in Großbritannien durchgeführt wurde: Das Verhalten von Kindern in Haushalten mit Fernsehgerät war demjenigen von solchen aus Haushalten ohne Fernsehgerät vergleichbar. Die Kinder zogen das Fernsehen nicht dem wirklichen Leben vor und zeigten auch keinen Mangel kindlicher Initiativen.

Vergleichende Untersuchungen aus der BRD kamen zu dem Ergebnis, daß traditionelle Erlebnisquellen trotz zunehmender Verbreitung des Fernsehens weiterhin genutzt wurden und in der Wertigkeit des einzelnen sogar anstiegen (Bertold 1970).

Fünftens. Die qualitative Veränderung in der Wahrnehmung und im Lernverhalten: Demnach müßte feststellbar sein, daß bildliches Vorstellungsvermögen zunimmt und Konzentrations- und Leistungsvermögen zurückgeht. Hiezu trifft unter anderem die Studie Hilde Himmelweits eindeutige Aussagen. Demnach sehen weniger intelligente Kinder mehr fern, scheinen aber auch eher davon zu profitieren als geistig wachere.

In der Schweiz wurde ein Zusammenhang von extensivem Fernsehkonsum und schlechten Schulerfolgen erhoben (Saxer u. a. 1980). Diese Kinder verbrachten jedoch auch viel Zeit mit dem Konsum von

Hörmedien und lehnten die Schule durchwegs ab. Gerade weil das Lesen von der Schule gefordert und positiv dargestellt wird, entwickeln negativ motivierte Schüler dagegen Abneigung.

Eine Sekundäranalyse von 23 einschlägigen Untersuchungen aus den U.S.A., Kanada, Japan und Großbritannien hat ergeben, daß im Untersuchungszeitraum von 26 Jahren bei mehr als 35.000 untersuchten Personen nur etwa ein halbes Prozent der Schulleistungen mit dem Fernsehkonsum in Zusammenhang gebracht werden konnte (vgl. Winterhoff-Spurk 1986). Geringe positive Einflüsse des Fernsehkonsums sind demnach bei weniger intelligenten Kindern, geringe negative Einflüsse bei den intelligenten Kindern zu verzeichnen. Deutlich negativ wirkt sich erst ein das Maß von sechs Stunden täglich überschreitender Fernsehkonsum aus. Es ist aufgrund dieser Studie wahrscheinlich, daß es im Sinn der Hypothese so gut wie keine Zusammenhänge zwischen Lernerfolg und Fernsehkonsum gibt.

Sechstens. Zur Frage eines allgemeinen Wahrnehmungswandels, der Auswirkungen auf Rationalität, Logik und Intelligenz: Den Bildschirmsozialisierten wird eine Verstärkung visuell betonter Fähigkeiten und der Verlust klassisch-rationaler Denkweisen unterstellt. Der Wahrnehmungswandel müßte, so meine Folgerung, an der »TV-Generation« auffallen. Studien der Independent Broadcasting Authority (Wober 1986) in Großbritannien legen nahe, daß den Bildschirmmedien grundsätzlich keine Bedeutung bei der Entwicklung der Vorstellungskraft zukommt. Anhand von projektiven Tests ließ sich feststellen, daß britische Jugendliche häufiger ein besseres auditives Vorstellungsvermögen aufweisen als visuelles. Jugendliche mit insgesamt schwächerer Vorstellungskraft bevorzugen eher konkrete Musik (Disco), jene mit stärkerer abstraktere Musikstile. Wer Disco mag, schätzt auch Videoclips. Eine Verbindung zur Häufigkeit des Fernsehkonsums ist nicht auszumachen.

Die Autoren der britischen Studie vermuteten, daß die unterschiedlichen auditiven und visuellen Fähigkeiten auf verschiedene Sensotypen zurückzuführen seien. Eine vergleichende Stichprobe aus der weißen südafrikanischen Bevölkerung zeigte die gleichen »Sensotypen« mit gleichem Anteil an der Gesamtzahl der Untersuchten. Dies ist deswegen für unser Thema von besonderem Interesse, weil die weißen Südafrikaner bis 1970 unter nahezu gleichen Bedingungen aufwuchsen wie die Engländer: allerdings war dort bis zu diesem Zeitpunkt aus ideologisch-politischen Gründen kein Fernsehen vorhanden. In Südafrika existierte also noch keine »TV-

Generation«, und dennoch zeigte die vergleichende Untersuchung der Wahrnehmungsfähigkeit ähnliche Werte.

Die Behauptung, daß Fernsehkonsum zum Abbau der logischen und rationalen Fähigkeiten führe, kann ich mangels entsprechender empirischer Daten nicht widerlegen.

Resümee: Die Überprüfung der häufigsten fernsehkritischen Argumente hat ergeben, daß die empirischen Befunde den Annahmen der Theoretiker wie dem verbreiteten Alltagsverständnis widersprechen. Der Mythos der »bildersüchtigen Fernsehgeneration« zerfällt im Licht der Empirie.

Literatur

Bertold, Franz: Das Kind und seine Erlebniswelt. Wandlungen unter dem Einfluß des Fernsehens. - Osnabrück 1970

Buß, Michael: Die Vielseher. - Frankfurt/Main 1985

Greenfield, Patricia M.: Mind and Media. The Effects of Television, Video Games and Computers. - London 1984

Himmelweit, Hilde u. a.: Fernsehen im Kindesalter. In: Ludwig von Friedburg (Hrsg.): Jugend in der modernen Gesellschaft. - Köln 1976

Hummel, Roman: Das Angebot an medienerziehenden Inhalten in österreichischen Schulbüchern. - Medien-Journal Sonderheft, Wien 1981

Hummel, Roman: Wahrnehmungswandel durch Fernsehen? (Studie im Auftrag des ORF). - Wien 1988

Jugendwerk der Deutschen Shell (Hrsg.): Jugendliche und Erwachsene '85. - Opladen 1985

McLuhan, Marshall u. Fiore, Quentin: Das Medium ist Massage. - Frankfurt/Main u. Berlin 1969

Meyrowitz, Joshua: Die Fernsehgesellschaft. - Weinheim u. Basel 1989

Postman, Neil: Wir amüsieren uns zu Tode. Urteilsbildung im Zeitalter der Unterhaltungsindustrie. - Frankfurt/Main 1985

Saxer, Ulrich u. a.: Die Massenmedien im Leben der Kinder und Jugendlichen. Eine Studie zur Mediensozialisation im Spannungsfeld von Familie, Schule und Kameraden. - Zug 1980

Sturm, Hertha: Programmausweitungen. Das Problem sind die Kinder. - In: Media Perspektiven 9/1980

Turkle, Sherry: Die Wunschmaschine. Vom Entstehen der Computerkultur. - Reinbek b. Hamburg 1984

Wember, Bernward: Wie informiert das Fernsehen? - München 1983

Winterhoff-Spurk, Peter: Fernsehen. Psychologische Befunde zur Medienwirkung. - Bern 1986

Wober, Malory J.: Teens and Taste in Music and Radio (IBA Research Department Working Paper). - London 1984

ders.: Sensotypes. Their Signs and Search for Sources. - In: National Center for Culture (Hrsg.): Media Perception and Life Styles as Elements of Cultural Mutation. - Budapest 1986

Heinz Ungureit

Produktion für Kino und Fernsehen

Wenn der Film jetzt bald hundert Jahre alt sein wird, so wird er die Hälfte seiner Lebenszeit nur im Kino verbracht haben. In der anderen Hälfte gab es ihn auch auf heimischen Bildschirmen, auf Kassetten, Bildplatten usw. Demnächst wird man ihn vom häuslichen Kommunikationsterminal aus auf jede beliebig große Bildwand steuern können – soweit es die Verhältnisse zulassen. Die Größe der Empfangsschirme und Bildwände allein wird also die Ästhetik und Wirkung der Produkte (der Filme) nicht entscheidend verändern – hier oder dort.

Das Fernsehen ist in den meisten europäischen Ländern nicht nur zum zweitwichtigsten Verbreiter von Filmen, sondern auch zum wichtigsten Hersteller oder Mitproduzenten von Filmen geworden. Einige heißen Film/Fernseh-Koproduktionen und haben manchmal Erfolg im Kino und auf dem Bildschirm; andere heißen nur Kinofilme und haben oft genug größeren Erfolg im Fernsehen als im Kino; noch andere heißen Fernsehfilm oder Fernsehspiele und haben zuweilen weit größeren Erfolg im Kino als viele »richtige« Kinofilme.

Wieviele Regeln sind aufgestellt worden darüber, was im Kino ginge und nicht ginge, was Kino- und Fernseh-Dramaturgie sei! Kaum aufgestellt, wurden sie oft genug durch Beispiele (wie »Szenen einer Ehe«, »Männer«) widerlegt. Alle theoretischen Unterscheidungen zwischen Kino- und Fernsehfilm hatten bisher in der Wirklichkeit keinen Bestand.

Zu Beginn war alles Kino, was sich auf Film festhalten ließ: Wirklichkeit und Phantastik, Arbeiter beim Verlassen der Fabrik und die Reise zum Mond, Lumière und Méliès. Die Projektionswände waren klein, die Projektoren machten Lärm bei der Vorführung. Dann wurden die Leinwände größer und die Vorführungen perfekter; die Illusionsräume und Traumfabriken wuchsen, aber das Bestreben, mit Film auch Wirklichkeit zu zeigen, blieb durch die Kinogeschichte ungebrochen. Die Magie des Kinos, glaubten Wertow, Ivens, Renoir, Visconti, Altman u. a., könne helfen, magischen Illusionismus zu durchbrechen und den Sinn für Wirklichkeit und Wahrheit zu schärfen.

Die Verächter glaubten nur an den Popanz des Films, an Profanierung und Trivialisierung der Kunst, an Veralltäglichung und Verallgemeinerung. Die positiv gestimmten Theoretiker und Praktiker des Films glaubten an heilsame Demokratisierung und Verallgemeinerung von Kunst, an Entsakralisierung (W. Benjamin), Gewinn an Erfahrungen, Erlebnis und Erkenntnis. Zwischen Magie, Mythos, Überwältigung auf der einen Seite und Wirklichkeitssuche, Alltagserfahrung, Entmythisierung auf der anderen Seite entstand ein Spannungsfeld in der Filmtheorie und -praxis. Jean Renoir z. B. hat die beiden Möglichkeiten für sich in einer Symbiose so gesehen: »Die literarischen, theatralischen oder filmischen Meisterwerke bringen von Zeit zu Zeit einen wirklich gelungenen Film mit sich, der gleichzeitig ein Märchen, Illusion ist, aber diese Illusion hat den Vorzug, uns der Realität anzunähern, vielleicht auch, eine Illusion gehobener Kategorie zu sein. Vielleicht ... Übrigens verbringe ich meine Zeit damit, Geschichten zu schreiben, deren Handlung eine Mischung märchenhafter Elemente von der Bühne und aus dem Leben zugrunde liegt«.

Solange das Kino der alleinige Ort für Filme war, gab es also bereits die spannende Diskussion darüber, ob der Film mehr Magie oder Realität, mehr Mythos oder mehr Alltag, mehr Entrückung oder mehr Nähe sei. Als das Fernsehen Anfang der fünfziger Jahre hinzukam und auf jeden Fall von Anfang an auch die Möglichkeit bot, seinerseits Filme zu zeigen, dann auch selbst herzustellen, kam eine neue, oft interessegeleitete Diskussion auf. Die Kino-Industrie dekretierte in Abwehrhaltung: Kein Meter Film für das Fernsehen. Die »reinen« Fernsehkünstler, die zunächst vom Theater oder vom Hörspiel kamen und die schweren stationären elektronischen Kameras in den Fernsehstudios vorfanden, empfanden den Film gleichfalls als Gift für sich und wollten elektronisches Fernseh-Theater machen. Im Kino ging man, um sich zu unterscheiden vom kleinen Bildschirm, in die Breite, in die Masse, ins Spektakuläre, Harte, Sexuelle, Überdimensionale - fast um jeden Preis. Das führte zwangsläufig zu einer ästhetischen und inhaltlichen Reduzierung der Filmmöglichkeiten, damit zunehmend auch zu einer Verengung des Kinopublikums auf vorwiegend Jugendliche zwischen zwölf und 30 Jahren (die heute 80 Prozent des Kinopublikums bei uns ausmachen).

Gegen diese extensiven (gleichzeitig einengenden) Kinogelüste machten die Autorenfilmer Front, die sich ihre intensiven filmkünstlerischen Absichten nicht einfach aus der Hand nehmen lassen wollten. Sie kamen mit ihren Filmen immer weniger im Kino an und konnten diese bald kaum mehr in gewünschter Weise fürs Kino herstellen. Das Fernsehen übernahm deshalb die vorhandenen Filme dieser Art und spielte etwa ab Mitte der sechziger Jahre Filme Chabrols, Truffauts, Bunuels, Bergmans, Bertoluccis, Rivettes, Wajdas, Szabós und anderer in der Bundesrepublik Deutschland in Erstaufführung. Gleichzeitig kamen die deutschen Autorenfilmer, die jungen und andere, ältere, wie Käutner, Staudte, zum Fernsehen, um ihre Filme, die fürs Kino nicht mehr zu produzieren waren, gleich dort zu machen. Es entstand der Fernseh-Kinofilm oder Kino-Fernsehfilm, der sowohl die Verfechter der reinen Fernsehkunstlehre als auch die der reinen Kinolehre in arge Bedrängnis brachte. Die schönen Abgrenzungstheorien stimmten plötzlich nicht mehr. Als es dann 1974 sogar zur offiziellen Teil-Liaison zwischen Filmwirtschaft und Fernsehen in Form eines ersten Film/Fernseh-Rahmenabkommens kam, schien für manche die heile Kinowelt ebenso wie für andere die heile Fensehwelt endgültig ins Wanken zu geraten. Man beschwor in übermäßiger Sakralisierung die einzig mögliche Magie und den Mythos des Kinos für Filme, und man verteufelte die flachen atmosphärelosen Fernsehbilder, die nur einen Schattenriß vom eigentlichen Film übrig ließen. Auch die Fernsehdramaturgie, die ja ihren Ursprung in der schieren Abbildung von theatralischen und realen Vorgängen zu haben schien, wurde herangezogen, um den Kinofilm vor dem Verderben durch das Fernsehen zu warnen.

Wie sieht nun die Wirklichkeit aus? Das Kino ist nicht mehr der alleinige Ort für Filme, und das Kino hat ganze Zweige seiner Inhalte und seiner Ästhetik an das Fernsehen abgegeben (oder an das Fernsehen verloren, je nachdem, wie man es betrachten will). Filmkunst, Autorenfilme, innovative Filme aller Art entstehen praktisch bei uns ohne das Fernsehen nicht mehr. Bestimmte Genres des literarischen, realistischen, epischen, familiären Erzählfilms bis hin zum normalen Krimi (bis zur Serie, die es früher im Kino ja in Ansätzen auch gab), sind weitgehend aus dem Kino verschwunden. Nicht, weil sie von vorneherein fernsehspezifisch wären und im Kino nichts zu suchen hätten, sondern weil sie beim heutigen Entwicklungsstand des Kinos dort kaum noch reüssieren. Eine Art Arbeitsteilung ist entstanden. Und da gibt es etliche Naht- und Berührungsstellen, oft ganz überraschende, unerwartete, nicht geplante, an denen man gemeinsam Filme herstellen kann. Wie gesagt: solche, die als ersten Adressaten das Kino haben und dort doch oft nicht angenommen werden, wie sehr sie auch vermeintliche oder tatsächliche Kinoqualitäten haben; und solche, die fürs Fernsehen allein gedacht sind und allen vermeintlichen Regeln der Fernsehdramaturgie folgen und dann doch (gegen alle Regeln) die größten Kinohits werden.

Gewöhnen wir uns daran: Die Situation ist verworren, unübersichtlich, im Prinzip weithin regelwidrig und wohl gerade deshalb in den letzten Jahren, was die Bundesrepublik Deutschland betrifft, ziemlich entspannt und gar nicht so schlecht. Die Zahl der Kinobesucher steigt Jahr für Jahr wieder etwas. Vereinzelt haben sogar relativ bescheidene Fernsehfilme wie »Männer« von Doris Dörrie oder »Yasemin« von Hark Bohm beachtliche Erfolge in deutschen Kinos, ebenso Koproduktionen der gehobeneren Art wie »Die Venusfalle« von Robert von Ackeren, »Auf Wiedersehen, Kinder« von Louis Malle, »Der Himmel über Berlin« von Wim Wenders und natürlich erst recht Großproduktionen (auch mit dem Fernsehen koproduziert) wie »Das Boot«, »Die unendliche Geschichte«, »Momo«, »Der Name der Rose«. Mit im Fernsehen populär gemachten Stars wie Otto Waalkes, Loriot, Didi Hallervorden, Götz George und Thomas Gottschalk hat das bundesdeutsche Kino derzeit seine allergrößten Erfolge. Gegen Otto und Loriot kommen auch die tollsten amerikanischen Reißer kaum mehr an.

Also alles in Ordnung, keine Sorgen mehr, alle Fragen in schöner chaotischer Unordnung beantwortet? Nein, gewiß nicht. Da bleiben Labilitäten und Ungewißheiten, zumal wenn man in die Zukunft blickt, wenn immer mehr Filme als reine Ware für die Vielfachverwertung in allen Distributionsmedien hergestellt und dauernd verfügbar sein werden. Dann kann es leicht zu Verdrängungen von künstlerisch anspruchsvolleren Filmen kommen; dann haben möglicherweise auch die Fernsehanstalten bei immer stärkerer Verteilungs- und Akzeptanz-Konkurrenz keinen Sinn mehr für diese einschaltschwachen Filme; dann kann es zu einem solchen Run auf die attraktiven neuen Filme kommen, daß die Kinos als die schwächeren Partner in diesem Medienspiel ihr Erstrecht auf diese Filme verlieren.

Das erst könnte verhängnisvoll für die Vielfalt der Filmproduktion und für die Kinos werden. Gegen eine solche Entwicklung müssen rechtzeitig Vorkehrungen getroffen werden – für jene, die den Film in allen seinen Möglichkeiten lieben, und die ihn vor allem im Kino als seinem ursprünglichen und nach wie vor schönsten Ort lieben.

Vor diesem Hintergrund denkbarer Entwicklungen ist es erst recht obsolet geworden, weiterhin alte Schlachten zu schlagen. Es geht längst um Gemeinsamkeiten neuer Art unter Beachtung spezifischer Belange des Kinos und des Fernsehens. Die weiterführenden Wechselwirkungen der beiden Medien wurden z. B. in der sogenannten Mainzer Erklärung 1983 von Film und Fernsehleuten der Bundesrepublik gemeinsam so formuliert: »Kooperation zwischen Film und Fernsehen hat einen über das Rahmenabkommen Film und Fernsehen hinausweisenden Horizont: Zum Beispiel gehören hierzu auch Bergmans ›Szenen einer Ehe‹, ›Fanny und Alexander‹ oder Fassbinders Unikat ›Berlin Alexanderplatz‹. Insgesamt hat seit etwa zwanzig Jahren eine lebendige Wechselwirkung zwischen Filmbereich und Fernsehen stattgefunden. Im Grobraster läßt sich sagen: Filmgeschichtliche Erfahrung hat das Fernsehen reicher gemacht; durch die Einwirkung des Fernsehens ist der deutsche Kinofilm erstmals substanzreich an gesellschaftlicher Erfahrung und Wirklichkeitsblick geworden. Bei diesen Wechselwirkungen korrespondierten der Kulturauftrag des Fernsehens mit dem auf die Herstellung von Phantasiewaren gerichteten unternehmerischen Elan des Filmbereichs. Es sind jedoch Erweiterungen dieser Wechselwirkungen auch auf dem Gebiet des Informationsauftrags des Fernsehens möglich und notwendig. Es gehört zu den Tücken des Alltags, daß, insbesondere in der ersten Phase des Rahmenabkommens (also zwischen 1974 und 1979), die Offenheit für die Rezeption filmgeschichtlicher Erfahrungen eher bei den Vertretern des Fernsehens lag. Die Zusammenarbeit zwischen Film und Fernsehen ist auch notwendig zur Balancierung der auseinandertreibenden Gegensätze in den filmischen Bereichen. Eine Verminderung der Kooperation in der Zukunft führt zu Öffentlichkeitsverlusten.«

Von Egon Monk, einem der wichtigsten und besten Fernsehspiel-Regisseure in unserem Raum (der übrigens selbst nie einen Film ausdrücklich für das Kino gedreht hat), stammt folgende Aussage: »Film ist eine Kunstform, die weder an Staatsformen noch an Ideologien, noch an bestimmte Örtlichkeiten gebunden ist. Weder ist der nach kommerziellen Gesichtspunkten produzierte und auf Gewinn zielende Film der einzig wahre Film, noch ist es der nach ideologischen Gesichtpunkten produzierte Staatsfilm. Dem russischen Revolutionsfilm, dessen Sinn es war, eine politische Überzeugung zu verbreiten, verdanken wir einige der schönsten Filme der Filmgeschichte. Diese Staatsfilme waren, was ihre Inhalte und Absichten angeht, völlig verschieden von den kommerziellen Produktionen von der anderen Seite des Atlantiks, die andere Vorzüge hatten. Aber beides war Film. Es gab diese fürchterliche Verquickung von Staatsfilm und kommerziellem Film im Dritten Reich, wie sie sich besonders deutlich in diesen scheußlichen Melodramen ausdrückte, die Minister Goebbels so liebte, weil keine Politik im Film für ihn die beste Politik im Film war. Und es gibt neuerdings auch Film im Fernsehen. Der ist auch Film, und zwar ohne Wenn und Aber. Dieses komische schmale Band, 16 oder 35 mm breit und mit Löchern an der Seite, das dann durch den Projektor läuft, das ist in jedem Fall Film, und es ist ganz gleichgültig, ob nun der Projektor in einem Kino oder in einem Sender steht. Es ist Film, wenn es auf einer Projektionsfläche betrachtet wird, und es ist Film, wenn es auf einem Bildschirm betrachtet wird. Laßt uns bloß nicht wieder damit anfangen, nur für das Kino gedrehte Filme als Filme zu bezeichnen. Auch für das Fernsehen gedrehte Filme sind Filme. Sie unterscheiden sich von Kinofilmen, aber der Unterschied liegt nicht darin, daß das eine Film ist und das andere nicht.«

Und noch eine Stimme gehört hierher. Wim Wenders äußerte in einem Interview: »Der ganze Neue deutsche Film ist noch ein direktes Produkt dieser Idee von Kooperation zwischen dem Kino und dem Fernsehen. Keiner von uns hätte ohne das Fernsehen ein Bein auf den Boden bekommen. Ohne dieses wirklich historische Modell hätte es nicht diese einzigartige Chance gegeben, die wir in der BRD seit Beginn der siebziger Jahre hatten, kontinuierlich und verhältnismäßig unabhängig Filme zu machen. Ohne dieses Abkommen hätte es keinen Fassbinder und keinen Herzog gegeben. Historisch gesehen ist dieses Modell also sicher äußerst vernünftig und hat beiden Partnern, dem Film und dem Fernsehen, bestens gedient.«

Dann fügte Wenders allerdings skeptisch hinzu: »Im Präsens und vor allem im Futurum habe ich daran so meine Zweifel. Im Zusammenhang mit den vielzitierten Neuen Medien, der Konkurrenz des Privatfernsehens, im Zeitalter von Satelliten-TV, Kabelfernsehen und Videoshops an jeder Ecke kommt mir der Kulturauftrag des öffentlich-rechtlichen Fernsehens hoffnungslos verraten und verratzt vor... Auch hier in der BRD wird das Fernsehen über kurz oder lang dem gnadenlosen Machtkampf der Neuen Medien zum Opfer fallen und um jeden Zuschauer kämpfen und das erste, was man dabei über Bord werfen wird, wird dieser Kulturauftrag sein.«

So, das mußte alles zitiert werden, das ist mehr, als ich allein hätte bieten können, an Selbstlob für das, was war und ist, und am Zweifel daran, was bevorsteht. Ich sehe mich jedenfalls in einem Boot mit Egon Monk, wenn auch nicht in jedem Detail seiner Formulierung, und mit Wim Wenders, wenn ich auch etwas mehr Hoffnung in den Kulturauftrag des Fernsehens setze als er.

Der Kulturauftrag der öffentlich-rechtlichen Fernseh-Anstalten hat mit Blick auf den Film gewissermaßen zur dritten Variante geführt, neben dem von Monk erwähnten Staatsfilm auf der einen

Seite und dem kommerziellen Kinofilm auf der anderen Seite. Dieser öffentlich-rechtliche Film kann in seiner Idealfassung ungehinderter als der Staats- oder Kommerzfilm fürs Kino seine künstlerischen Ziele verwirklichen, auch was das Maß für einen Stoff oder eine Geschichte angeht, das halt nicht auf die eingeschränkte Kinofilm-Länge angewiesen ist.

So konnte Ingmar Bergman seine Geschichte von »Fanny und Alexander« facettenreich, tiefergehend, genauer nur in der gut fünfstündigen Fernseh-Version erzählen, während ihm für die Kino-Fassung notgedrungen nicht mehr als gut zweieinhalb Stunden zur Verfügung standen. Ebenso ging es Geißendörfer mit dem »Zauberberg«. Oder den Tavianis mit »Kaos« und Olmi mit »Und sie folgten dem Stern«. Aber auch Nachwuchsfilme wie »Das Mädchen mit den Feuerzeugen« oder »Drachenfutter« u.ä. lassen sich ohne den freien Spielraum der öffentlich-rechtlichen Fernsehanstalten heute fürs Kino allein nicht mehr denken.

Ich behaupte, daß im deutschsprachigen Raum im letzten Jahrzehnt einige der künstlerisch bedeutsamsten Filme Fernsehfilme waren, die auch bei filmgeschichtlicher Betrachtung oberste Ränge einnehmen müßten. Dazu zählen z. B. Fassbinders »Berlin Alexanderplatz«, Reitz' »Heimat«, Fechners »Tadellöser und Wolff« sowie »Ein Kapitel für sich«, Egon Monks »Die Geschwister Oppermann« und »Die Bertinis«, Turrini/Pevny/Berners »Alpensaga«, Cortis »Wohin und zurück« sowie »Eine blaßblaue Frauenschrift« und natürlich Fritz Lehners »Mit meinen heißen Tränen«, der verständlicherweise auch in seiner gekürzten Kino-Version sofort für den Europäischen Filmpreis 1988 nominiert werden konnte. Seit Jahren vergibt der deutsche Regisseur-Verband seine Darstellerpreise, obwohl hier Kino- und Fernsehfilme zusammen gesehen werden, fast ausschließlich an Darsteller von Fernsehfilmen – Konsequenz der oben geschilderten Situation.

Aber ein Massenausstoß an solchen Spitzenleistungen ist natürlich auch im öffentlich-rechtlichen Fernsehen trotz immer noch beachtlicher Quantitäten an Produktionen nicht gegeben. Die idealen Grundvoraussetzungen begegnen in Wirklichkeit mancherlei Grenzen, auch ohne daß die von Wenders gefürchtete Konkurrenz-Situation schon voll durchgriffe. Zum einen erfordern Spitzenleistungen Spitzenleute, und die sind hier wie in anderen Künsten rar gesät. Zum zweiten ist der Fernsehfilm noch immer weithin in seiner Tradition des Abbildens gegebener literarischer, theatralischer oder journalistischer Vorgänge befangen. Der Zwang zu einer rasterhaften Vorplanung und einer mehrstufig kontrollierten Dauerproduktion läßt außerdem ein Abweichen vom gängigen Stoff- und Formen-Standard nur bedingt zu. Außergewöhnliche Leistungen kommen aber gerade beim Film vornehmlich durch souveränes Abgehen von der Norm zustande, durch Machen des Ungewöhnlichen, Überraschenden, durch eine Logik des Widersprüchlichen (statt einer schnurgeraden Buchstaben-Logik).

Natürlich hängt die Fernsehfilm-Norm auch weithin mit der Empfangssituation der Norm-Familie im Norm-Wohnzimmer zusammen. Wesentliche Abweichungen vom Vertrauten werden als Angriff auf das Norm-Verständnis begriffen und entsprechend abgewehrt. Ins Kino bricht der zumeist jugendliche Zuschauer durch Abkehr von seiner Norm-Familie aus. Er sucht in der Gruppe oder mit dem Partner das Außergewöhnliche, das Überwältigende, das Durchbrechen der Norm. Kinofilme sind deshalb mehr und mehr auf diese außerordentlichen Erwartungen zugeschnitten, auf das extrem Spektakuläre, mit dem man herkömmliche Norm-Erfahrungen hinter sich läßt.

Aber die extreme Möglichkeit hat auch hier nicht schon das extreme Gelingen zur Folge. Die Sucht nach dem Spektakulären um jeden Preis führt rasch ins primitiv Spekulative, und im heutigen Kids-Kino ist das nicht selten so. Durch Zusammenarbeit mit dem Fernsehen muß das Kino nicht unbedingt extrem spekulativ sein, und das Fernsehen kann hier einige seiner strengen Stoff-, Produktions- und Form-Standards verlassen. Die Gefahr, die Wim Wenders sieht, daß auch das öffentlich-rechtliche Fernsehen sich im zunehmenden Gerangel um seinen Platz im Medien-Machtkampf spekulativen Neigungen beugt, ist nicht von der Hand zu weisen. Der Sinn für leise Töne, für subtilere Formen, für unbequemere und nicht nur »runterflutschende« Inhalte nimmt ab, je verfügbarer allüberall die grellen Töne und schrillen Bilder werden. Mit den Wissenden und Wollenden beim Film und beim Fernsehen kann nur gemeinsam gegen diese Entwicklungen vorgegangen werden.

Regina Ziegler

Film: Luxus oder Lebensmittel

Der Medienkonsum der Zuschauer wird sich mit der wachsenden Freizeit mehr und mehr ausweiten. Damit werden immer mehr Filme benötigt werden. Der alltäglich konsumierte Film wird zunehmend zum »Lebensmittel«. Schon jetzt ist Film kein »Luxus« mehr, den man sich nur im Wohlstand leisten kann.

Die *Kino*filmproduktion ist in ökonomischer Hinsicht konjunkturabhängig, aber auch in kultureller Hinsicht - die Moden wechseln im schnellen Auf und Ab. Was kulturell »out« ist, ist schwer wiederzubeleben. Nur ein kontinuierliches Produktionsaufkommen garantiert Mindestqualität.

Filme zu produzieren, Stoffe zu suchen und zu entwickeln, Autoren zu engagieren, Produktionsteams zu erhalten und technisch zu verbessern, d.h. Höchstqualität herzustellen - dies alles kann nicht in einem Umfeld stattfinden, in dem die Produkte dieser Industrie das Image von Fettaugen haben, die zwar die Suppe noch schmackhafter machen, aber nicht zu den Grundstoffen zählen.

Film ist ein Kulturwirtschaftsfaktor: seine Qualität und Konkurrenzfähigkeit hängt entscheidend von den Rahmenbedingungen ab, die ihm die Gesellschaft einräumt.

Es wird allerdings nicht genügen, eine solche Erkenntnis bloß zu formulieren. Einem breiten Umdenken, der Erkenntnis, daß wir Werte produzieren und keine Veranlassung haben für das Bewußtsein von Bittstellern, muß zielorientiertes Handeln folgen: das Umdenken sollte auch in der Öffentlichkeit stattfinden. Andernfalls droht die Gefahr, daß wir unsere Konkurrenzfähigkeit verlieren.

Stattdessen findet sich ein ausgeprägtes Klassenbewußtsein: Hier Axel Corti und Wim Wenders, dort die Schwarzwaldklinik und die Supernasen. Die Punktrichter haben ihre Karten gezückt.

Aber ist ein Produkt der Populärkultur schon deshalb verwerflich, weil es industriell hergestellt ist? Ist Kultur nur möglich, wenn sie sich radikal industriellen Konditionierungen entzieht?

Die Sachverständigen werten für uns, und wir nicken dazu schon fast gewohnheitsmäßig mit dem Kopf - wer will schon eines schlechten Geschmacks bezichtigt werden?

Dagegen steht der Standpunkt der radikalen Verteidiger der Populärkultur: Sie reden einem kulturellen Freihandel das Wort: Die freie Zirkulation der Massenkulturprodukte ist »an sich« gut, ohne Rücksicht auf die Inhalte. Sie repräsentieren meist kapitalkräftige, multinationale Gruppen, die die Produkte der Massenmedien wirtschaftlichen Mechanismen unterwerfen, wie sie auch Herstellung, Verkauf und Konsum anderer Industrieprodukte regulieren.

»Das Programm muß dem Zuschauer gefallen«, ist oberstes Gebot. Daraus folgt, es darf keine Probleme bereiten, der Zuschauer muß zu seinem Verschleiß verleitet werden. Aber sind deswegen diese Programme »kulturlos«? Ist wirklich alles den Regeln der Produktion, der Distribution und der Konsumtion unterworfen? Sind wir Zuschauer nur noch künstlich stimulierte, ferngesteuerte Verbraucher auf einem Markt, der mit Täuschungen, Suggestion und Propaganda gespeist und reguliert wird?

Ich sage nein. Das Ziel der Produktion von Populärkultur ist nicht nur das leicht verkäufliche Programm, sondern auch die Produktion von Werten. Wir Produzenten sind also in *jedem* Produkt Produzenten von Gegenständen des Kulturkonsums *und* Kulturproduzenten. Wir sind spezialisierte »Ausführende«, die den Auftraggebern liefern, was sie für besonders verkäuflich halten (Einschaltquoten!), *und* wir sind Kulturschaffende: Bei der Zirkulation von kulturellen Werten kommt es niemals vor, daß eine Idee, wenn sie einmal in Umlauf gebracht ist, nur Wünsche befriedigt und damit konsumiert ist, vielmehr erweitert sie die geführte Auseinandersetzung oder eröffnet eine neue.

In diesem Licht betrachtet, scheint mir die Entwicklung der Populärkultur eher eine positive zu sein. Verachtende Kritik dieser Massenkultur ist meist gegen die Masse selbst gerichtet.

Nur zum Schein wird dann zwischen der Masse als versammelter Herde und der Gemeinschaft selbstverantwortlicher Individuen unterschieden. Im Grunde steckt dahinter Nostalgie für eine Epoche, in der die Werte der Kultur das Erbteil und der Besitz einer einzigen Klasse waren und nicht jedermann offenstanden.

Allerdings kann Massenkultur nie eine von den Massen selbst produzierte Kultur sein.

Es gibt keine Form der »kollektiven Schöpfung«, die nicht durch besonders Begabte vermittelt wäre, die sich zum Interpreten der Gemeinschaft machen, in der sie leben. Die Beziehung zwischen Produzenten und Konsumenten ist eben nur ein dialektisches Verhältnis. Die einen interpretieren die Forderungen und Ansprüche der anderen.

In diesem Sinne möchte ich jetzt ein Szenario entwerfen: Sie sind

Richter in einem Gerichtsprozeß. Spielen wir »Pro und Contra«. Vor mir auf der Anklagebank sitzt das Massenmedium Fernsehen, vertreten von Asterix, der in der einen Hand ein Cola und in der anderen einen McDonalds-Hamburger hält. Ich bin der Ankläger.

Obwohl das Fernsehen sich an ein heterogenes Publikum richtet, produziert es nach den Richtlinien eines fiktiven »Durchschnittsgeschmackes«, was originelle Lösungen verhindert. Damit werden die fiktiven »Durchschnittsgeschmäcker« zu Normen und Idealen einer weltweit verbreiteten Kultur. – Die Eigentümlichkeiten unterschiedlicher ethnischer Gruppen werden zerstört. Der herrschende Geschmack wird gestützt, Innovationen werden abgewehrt.

Das Fernsehen verbreitet ehemals gehobene Stileigenschaften und kulturelle Einstellungen in banalisierter Form, und besticht damit ein träges Publikum, das an exklusiven künstlerischen Entwicklungen teilzunehmen glaubt, während es in Wirklichkeit ästhetische Lagerbestände aufzehrt.

Es liefert vorfabrizierte Gefühlsregungen. Alle Elemente des Films, wie z. B. die Musik, werden nur benutzt, um Gefühle hervorzurufen. Wenn es literarische Werke der Hochkultur verbreitet, dann tut es das in nivellierender Weise, fordert dem Publikum keinerlei Anstrengungen ab. Die differenzierte Sicht des Werkes wird zu sterilen Formen verdünnt.

Das Fernsehen fördert eine passive und unkritische Wahrnehmung der Welt, das Interesse an individueller Erfahrung wird entmutigt, die Neugier schablonisiert.

Das Fernsehen massiert die Information über die Gegenwart und verfälscht historisches Bewußtsein. Das Fernsehen betreibt die Durchsetzung von Symbolen und Mythen von schlichtester Allgemeinheit. Es schafft »Typen«, die sofort wiedererkennbar sind, und verflüchtigt damit die Individualität und Konkretheit unserer Erfahrung.

Es arbeitet mit dem Phantom der öffentlichen Meinung. Wie diese bestätigt es, was wir ohnehin schon denken. Obwohl es vorgibt ohne Vorurteile zu sein, verbreitet es konformistische Gewohnheiten als kulturelle Werte und stützt den Konservatismus im Bereich der gesellschaftlichen und religiösen Grundsätze und politischen Tendenzen.

Es fördert »offizielle Vorbilder« und ist das wichtigste Erziehungsmittel einer versteckt autoritären Gesellschaft, die in ihrer Verfassung zwar individualistisch und demokratisch, in ihrer informellen Struktur jedoch auf Steuerung und Beeinflussung zugeschnitten ist: auf Gleichförmigkeit und Zwangsplanung des Bewußtseins aller seiner Zuseher. Es ist eine Art Religionsersatz. Diese Rolle spielt es in dem täuschend freundlichen Gewand der Wohlstandsgesellschaft, in der alle Menschen angeblich die gleichen kulturellen Chancen besitzen.

Wenn ich auf die Anklagebank schaue, sehe ich, daß Asterix, McDonalds und Cola *überhaupt* nicht beeindruckt sind. Aber das haben *Sie* sicher auch nicht anders erwartet.

Zu ihnen hat sich jetzt einer gesellt, der aussieht - na, sagen wir - wie Goethe. Er ißt Kaviar und trinkt Champagner - und schon bin ich ganz befangen. Ich möchte mich vor ihm nicht wegen schlechten Geschmacks kompromittieren. Na gut, ich versuche, über meinen Schatten zu springen.

Ist es denn wirklich ausgemacht, daß eine Schreibweise, eine Darstellungsform, eine Kompositionsmethode nur dann Gültigkeit beanspruchen dürfen, wenn sie mit der Tradition brechen und deshalb nur von wenigen bewertet, erkannt und verstanden werden können?

Muß ein bestimmtes Stilelement, sobald es popularisiert wird, notwendigerweise seine Kraft verlieren, bedient es automatisch ungehobelte Geschmacksbedürfnisse und sklerotische Gefühlsregungen?

Ist es denn nicht eher so, daß viele Kritiker und Verächter der Populärkultur sich in ihren Meinungen fest eingerichtet haben?

Vielleicht wiederholen sie nur illusionär den Traum vom vielseitig Gebildeten, Gelehrten und Adeligen, dem seine Finanzlage erlaubt, seine inneren Werte mit liebevoller Aufmerksamkeit zu kultivieren; sie vor der Vermischung mit äußeren Zwecken zu bewahren und ihm absolute Originalität zu gewährleisten? Ist die Hochkultur selbst eine Traumfabrik, die bestimmte Schichten mit gesunkenem Kulturgut bedient? Der Mensch in der heutigen Zivilisation kann nicht so leben. Die Wege der Bildung sind andere.

Sind nicht diejenigen, die den Bruch zwischen den zwei Kulturen immer beschwören, die Ewiggestrigen? Die wirklich Konservativen? Vielleicht finden sie die »Schwarzwaldklinik« erst in fünf Jahren gut, im Rückblick, oder sie entdecken in zehn Jahren drei neue Wim Wenders, die sie heute übersehen.

Wir leben in einer Gesellschaft, in der sämtliche Bürger mit gleichen Rechten am öffentlichen Leben, am Konsum, an der Kommunikation teilnehmen können. Wir leben in einer Gesellschaft industriellen Typs. Wollen Gruppen, freie Verbände, politische oder wirtschaftliche Körperschaften sich den Bürgern mitteilen, müssen sie unter Abziehung intellektueller Differenzierungen auf die Mittel der Populärkultur zurückgreifen und unterliegen damit unvermeidlich den Regeln der Anpassung an den Durchschnitt. Die Mängel liegen auf der Hand: ästhetischer Konservatismus, Einschränkung der Geschmacksvorstellungen auf den Durchschnitt, Tabuisierung von Stilentwürfen, die den eingefleischten Erwartungen nicht entsprechen.

Aber – und das ist für mich ein großes Aber: Die Massenkultur hat sich unter jenen Bevölkerungsschichten verbreitet, die früher keinen Zugang zu kulturellen Ausdrucksformen hatten. Die Informationen werden von Menschen aufgenommen, die vormals keinerlei Informationen über die Gegenwart erhielten und deshalb auch von der verantwortungsvollen Mitwirkung am Gesellschaftsleben ausgeschlossen waren. Deshalb war ihre Kenntnis von Geschichte ausschließlich von religiösen Ideologien und traditionellen Mythen geprägt.

Die massenhafte Verbreitung von kulturell hochstehender Musik, Filmen, Theaterstücken hat gerade das kulturelle Interesse begründet und verstärkt. Durch diesen Anreiz über die Massenmedien entstand z. B. die Popmusik-Kultur und erneuert sich die Filmkultur immer wieder. Auch eine Anhäufung von Information kann in Bildung münden, quantitative Daten können einen qualitativen Wandel der Wirklichkeitswahrnehmung begünstigen.

Die Populärkultur verbreitet eine Unterhaltungsware, die bewußt auch an die animalischen Instinkte der Menschen appelliert, denn die Menschen haben schon seit eh und je »panem et circences« gebraucht. Und diese sind heute wie damals nicht die Vorläufer eines Sittenverfalls.

Die Homogenisierung des Geschmacks trägt dazu bei, in bestimmten Bereichen die sozialen Unterschiede zu beseitigen. So sind z. B. die kulturkritischen Einwände gegen jene Populärkultur, die massenhaft durch Musik, Bücher, Filme, Zeitschriften und Zeitungen verbreitet wird, vitale Bestandteile eben dieser Populärkultur. Die Programme des Fernsehens zwingen die Zeitgenossen letzten Endes zur Auseinandersetzung mit der Welt und sensibilisieren dafür. Die so unterrichteten Menschen sind weit mehr am Gesellschaftsleben beteiligt als in allen Gesellschaften zuvor.

Gerade durch den Einfluß des Fernsehens leben wir in einer Epoche kräftiger gesellschaftlicher Veränderung; es entstehen immer wieder kulturelle Umbrüche von großer Bedeutung. Das Fernsehen ist nicht stilistisch und kulturell konservativ, es bildet immer wieder neue Sprachformen, neue Redeweisen, neue Stilelemente, neue Wahrnehmungsmuster. Dabei handelt es sich um Wandlungs- und

Erneuerungsprozesse, die häufig dauerhaft auf die Hochkultur zurückwirken und deren Entwicklung beeinflussen.

Ich kann mir z. B. ohne Schwierigkeiten eine Fernsehserie vorstellen, die, obwohl zur Unterhaltung gedacht, ästhetischen Wert besitzt, originell ist (keine Nachahmung bereits realisierter Formen) und als Kommunikationsbasis eine Umgangssprache wählt, die vielleicht in einem filmischen Experiment geschaffen wurde.

Wir beobachten doch des öfteren eine bedeutsame Entwicklung des kollektiven Geschmacks, der sich plötzlich Formen und Innovationen einverleibt, die vormals in hermetischen Experimenten im Alleingang eines Künstlers entworfen wurden. Ist z. B. die Serie »Monaco Franze« nicht ein Produkt der Populärkultur, die von einem großen Publikum gesehen wurde, obwohl sie eine beträchtliche strukturelle Originalität aufweist? Obgleich sie durch die Kriterien der Populärkultur definiert ist, kann man sie als eine Art Kunstwerk bezeichnen.

Ich meine, daß die Serienprogramme des Fernsehens zu Unrecht als Prügelkinder der Nation herhalten. Hier das Originäre, Originelle, dort die dauernde Wiederholung. Ich finde, beides muß man zusammen sehen. Ist denn nicht der Mechanismus, auf dem der Genuß einer Wiederholung beruht, für die Kindheit typisch? - Kinder wollen keine neue Geschichte hören, sondern immer wieder die Geschichte, die sie bereits kennen und die ihnen schon häufig erzählt wurde. Die Lust an der Wiederholung ist eine der Quellen der Zerstreuung und des Spiels. Und wer will die heilsame Wirkung der Zerstreuung und des Spiels leugnen?

Die Geschicklichkeit des Drehbuchautors ist in jeder Folge darauf gerichtet, Situationen zu erfinden, die sich von den vorangegangenen unterscheiden. Warum schalten wir denn immer wieder den Fernseher ein? Aus dem intensiven Wunsch heraus, ein Schema wieder zu erleben, etwas wiederzuerkennen. Gemeint ist nicht allein ein Schematismus in der Führung des Plots, sondern auch einer der Gefühle und der psychischen Einstellung.

Jedermann kann zu verschiedenen Zeiten desselben Tages das eine oder das andere sehen. Im ersten Fall auf der Suche nach einer höchst speziellen Anregung, im zweiten nach Zerstreuung. Fassbinder zum Beispiel war dafür bekannt, daß er Fan von »Dallas« war. Dienstags war er beim Drehen immer früher fertig, weil er »Dallas« sehen wollte.

Der Zerfall der Überlieferung, der Verschleiß kultureller Muster und moralischer Grundsätze verlangt vom Zuschauer ständig sensible Neuanpassung und geistige Flexibilität.

Unter diesen Verhältnissen erscheinen Programme der Populärkultur als ein milder Anreiz zum Ausruhen, als einzigartige Gelegenheit der Entspannung. Ich komme auf meine Forderung nach einer selbstbewußten Offensive von uns Film- und Fernsehmachern zurück. Wir müssen endlich akzeptieren, daß die verschiedenen Niveaus komplementär sind. Ein kulturelles Handeln ist erforderlich, das mit dieser Erkenntnis Ernst macht.

Niemand sollte jedoch glauben, daß dies ohne Auseinandersetzungen vor sich gehen kann. Der Konflikt zwischen der Kultur des »Neuen« und der »Unterhaltungskultur« wird stets hochexplosiv bleiben. Es ist der Konflikt der Kultur selbst, der Kampf der Kultur mit sich selbst. Im Prozeß der Kultur gibt es keine Erstarrung; Ideen, die verbreitet werden, können, wenn sie einmal bekannt sind, von dem, der sie ausgelöst hat, oft nicht mehr kontrolliert werden ...

Zurück zur Anklagebank - etwas Erstaunliches ist geschehen: Asterix unterhält sich angeregt mit Goethe, zitiert dabei aus dem »Faust«. Goethe beißt gerade heftig in den Big Mac, der mit Kaviar gefüllt ist. Asterix nimmt einen tiefen Schluck aus der Champagnerflasche, Goethe nippt Cola ...

Joachim Paech

Beim Verlassen des Kinos ...

Sagen wir einmal so: Das Kino ist ein Laden, in dem (fast) ausschließlich eine bestimmte Dienstleistung verkauft wird, nämlich die Vorführung von Filmen. Solange ein Bedürfnis nach dieser Ware besteht und die Ware dem Bedürfnis entspricht, floriert das Geschäft, geht es dem Kino gut. Eine dreifache Gefahr besteht in dem Geschäft: Daß die Nachfrage nach seiner Ware zurückgeht, daß für eine bestehende Nachfrage keine oder zu wenig oder zu schlechte Ware geliefert wird, oder daß die Ware woanders verkauft wird, das Kino sein Monopol auf den Verkauf der Vorführung der Ware Film eingebüßt hat.

Das Kino, heißt es, ist in Gefahr. Was ist also geschehen? Die Nachfrage nach der Ware Film jedenfalls ist nicht zurückgegangen. Ein kürzlich veröffentlichter Prognose-Bericht spricht von einem »kräftigen Nachfrageschub für die neunziger Jahre«, sogar von einer »gewaltigen Marktexplosion«.[1]

Der Fall, daß eine bestehende Nachfrage nicht adäquat befriedigt werden kann, ist schon schwerer zu bestimmen. Immerhin hat es eine Krise der Filmindustrie auf Grund qualitativ und quantitativ stagnierender Produktion schon einmal zu Beginn der Filmgeschichte gegeben, als mit der Entstehung der Ladenkinos und »Nickelodeons« ein enormer Nachfrageschub überhaupt erst zur Industrialisierung der Filmproduktion führte. Von einem Mangel an Kinofilmen kann man heute sicherlich nicht sprechen, ob die Ware immer marktgerecht verteilt wird usw., sind Fragen, die im ersten Fall auch kulturanalytisch, im zweiten hinsichtlich der Struktur der Kinobranche beantwortet werden müßten. Diese wiederum sieht noch immer die Ursache der Krise des Kinos im Verlust des Monopols auf die Ware Film und in einer ungleichen Konkurrenz durch das Fernsehen, das seinerseits seit einiger Zeit in diese Klage einstimmt, nachdem es mit dem Video-Markt ebenfalls einen Konkurrenten um die Ware Film bekommen hat. Es sieht also zunächst so aus, als ob einer festen Größe, dem Film, eine Variable, das Medium der Rezeption, gegenübersteht.

Mich interessieren im folgenden die Konsequenzen aus dem Verlust des Monopols auf die Ware Film für das Kino und für den Film, der als Kinofilm ein halbes Jahrhundert lang mit dem Ort seiner

Konsumtion identifiziert wurde. Seit der Film dabei ist, das Kino zu verlassen, werden sowohl seine strukturelle Assimilation an das Kino erkennbar wie die Veränderungen, die sich aus neuen Rezeptionsweisen für die Ästhetik des Films ergeben. Die veränderte »Umwelt«, die die neuen Rezeptionsweisen hervorgebracht hat, betrifft auch das Kino, und es ist zu fragen, ob sich das Kino seinerseits an die veränderten Bedingungen anpassen muß und kann.

Erstens. Wenn immer wieder behauptet wird, daß das Kino für die adäquate Rezeption von Filmen unverzichtbar sei und viele Cinéasten sich noch immer Film nur als Kinoereignis und Kinoerlebnis untrennbar mit der räumlichen und sozialen Struktur des Kinos vorstellen können, dann ist zu fragen, was diese enge Beziehung zwischen Film und Kino ausmacht in einer Situation, in der diese Beziehung offensichtlich dabei ist, sich aufzulösen.

Historisch ist die Beziehung in einer Anordung (bzw. einem Dispositiv) strukturiert, die die herrschende Wahrnehmungsweise in den Industriegesellschaften am Anfang des 19. Jahrhunderts wiedergibt. So kann man zwar das Kino auf die »Camera obscura« und ihren viel älteren Gebrauch für die zeichnerische Perspektivkonstruktion zurückführen, die multiperspektivische Bewegungsabbildung hat jedoch sowohl die »Camera obscura« wie die inhärente »Laterna magica« so entschieden verändert, daß das Kino qualitativ etwas ganz Neues darstellt. Das Kino als Wahrnehmungsdispositiv bildet bereits eine Struktur der Wahrnehmung ab, die durch die mechanisierte Bewegung geprägt ist, die das 19. Jahrhundert mit der Eisenbahnfahrt hervorgebracht hat. Das Kino ist von vornherein ein Raum für die Wahrnehmung von Bewegung als Abbildung, das gilt für das Eisenbahnabteil ebenso wie für die bloße Umkehrung des Dispositivs im eigentlichen Kino, in beiden Fällen ist die Wahrnehmung von (Fort-)Bewegung als eine Vorstellung einem Zuschauer gegeben, der selbst unbewegt aus der Distanz entweder seine eigene Bewegung oder eine dargestellte Bewegung in der Projektion erkennt.

Die dispositive Differenz zwischen Eisenbahnfahrt und Kino liegt in der tatsächlichen Umkehrung zwischen den beiden: Während die lineare Fortbewegung in der Landschaft den kontinuierlichen Wechsel der Eindrücke am »Bildschirm« des Abteilfensters bedingt, ist es die wirkliche Fixierung des Zuschauers vor der Kinoleinwand, die mit einer unbedingten, entfesselten Bewegungsdarstellung sowohl kompensiert wird bzw. die diese ins Imaginäre »befreite« Bewegungsdarstellung erst ermöglicht hat.

Das also ist die konstitutive Disposition der filmischen Wahrnehmung im Kino: An seinen Platz in einem sozialen (nämlich Zuschauer-)Raum ist der Betrachter gegenüber einer Leinwand in einer konstitutiven Distanz fixiert; der dunkle Raum nimmt seine sozialen und den Blick strukturierenden Voraussetzungen so weit zurück, daß er mit der Projektion auf einen anderen, imaginären (ästhetischen) Raum transparent werden kann, der an die Stelle des sozialen Raums Kino tritt als dessen vollkommenes Gegenteil; statt der bedingten Wahrnehmungsstruktur bietet die Projektion nun eine unbedingte Erlebniswelt, in der alles möglich ist als Projektion aus einem Diesseits, in dem nichts außer dieser Totalität des Imaginären wirklich ist. Film und Kino unterhalten demnach eine enge, symbiotische Beziehung, wenn Filme für diese Art der Kinorezeption gemacht sind.

Bezeichnenderweise »beim *Verlassen* des Kinos«[2] hat Roland Barthes immer wieder gespürt, was es mit dem sozialen Raum des Kinos auf sich hat, daß es um dieses »abgrundtiefe sich Versenken in einen dunklen, anonymen, indifferenten Kubus [geht], wo dies Fest der Affekte stattfindet, das Film heißt«. Während der Körper, sich selbst und der »communio socialis« überlassen, in der Distanz zur Leinwand zurückbleibt, dringt das Auge durch die Leinwand hindurch in den projizierten ästhetischen Raum ein, der sich seinerseits annähert, mit Großaufnahmen alle tatsächliche Distanz zurücklassend. »So weit entfernt ich im Kinosaal meinen Platz haben mag«, sagt Roland Barthes, »ich klebe mit der Nase, als wollte ich sie mir eindrücken, am Spiegel der Leinwand, an diesem imaginären ›Anderen‹, mit dem ich mich narzißtisch identifiziere.« Nur die dispositive Struktur dieses dunklen Kokons ermöglicht dieses Kinoerlebnis, das aus der fixierten Distanzierung des Körpers die imaginär entfesselte Annäherung des Blickes zu machen imstande ist.

Was im Kino zu sehen ist, sind nicht nur Filme im Kino, sondern Filme für das Kino, Kinofilme. Es geht gar nicht in erster Linie um die Extensität des ästhetischen Wahrnehmungsraumes in Breitwandlandschaften etc., sondern um die Intensität jener narzißtischen Identifikation, von der Roland Barthes sprach. Und für diesen Zweck ist viel wesentlicher, was zwischen und jenseits der Sichtbarkeit des Films unsichtbar bleibt, damit der Blick des Zuschauers nicht nur Gegenstände des Sichtbaren, sondern sich selbst im Sichtbaren vergegenständlichen, sich wirklich, und zwar mit sich selbst, also narzißtisch identifizieren kann. Jedes Schuß/Gegenschuß-Verfahren plaziert den Zuschauer auf der topographischen Linie zwischen ästhetischem und sozialem Raum, um den sozialen Raum des Zuschauers ganz in den ästhetischen aufzunehmen, den Zuschauer

»in den Film zu kleben«, wie Roland Barthes das genannt hat: das Bild fängt mich ein, nimmt mich gefangen: ich klebe an der Darstellung, und es ist diese Klebe, welcher sich die Natürlichkeit (die Pseudo-Natur) der gefilmten Szene verdankt (eine Klebe, die mit allen Ingredienzien der »Technik« zubereitet ist); das Reale kennt nur Distanzen, das Symbolische nur Masken; allein das Bild ist »wahr« (vermag den Widerhall der Wahrheit zu erzeugen). In Hitchcocks »Eine Dame verschwindet« zum Beispiel sitzen Iris und Miss Froy am Abteilfenster im Speisewagen; das Fenster ist wie eine Leinwand, transparent auf eine sich vorbeibewegende Landschaft. Miss Froy schreibt ihren Namen auf das Fenster, und als ein Tunnel kommt, reflektiert das Fenster das Bild von Miss Froy und den Namen. Aber der Name verschwindet, später verschwindet auch die Eigentümerin von Bild und Namen, Miss Froy selbst. Es bleibt die Einbildung von Iris, die unbeirrt an der Existenz von Miss Froy, ihrem Bild als ihrer Wahrheit, festhält, nachdem zwar eine Miss Froy vorübergehend wieder auftaucht, die aber ihrem Bild nicht entspricht. Das Imaginäre füllt eine Leerstelle an, in die später Miss Froy zurückkehrt, nachdem sie, wie André Bazin[3] das vorgeschlagen hatte, im Film als Mumie überlebt hat.

Der soziale Raum des Kinos und der ästhetische Raum des Films agieren zusammen. An ihrer Grenze befindet sich der Zuschauer, der wie Buster Keatons »Sherlock Junior« den filmischen Raum betritt, und es ist ein Wunder, daß er nicht wie Buster Keaton bei jedem Schnitt aus einem imaginären Raum in den anderen fällt, sondern die Diskontinuität der Erlebnisräume zu einem kontinuierlichen Wahrnehmungsraum mit ästhetischem und sozialem Raum zusammenschließt. Man kann hier wie Gilles Deleuze[4] zur Erklärung auf Henri Bergson zurückverweisen, der die Dauer der Wahrnehmung in der Selbstreferenz des Körpers (des Filmzuschauers) gewährleistet sah; man kann aber auch mit Georg Simmel auf die narrative Struktur des exemplarischen Sozialverhaltens eines Abenteurers aufmerksam machen, der die Kontinuität seines Alltages mit Ereignissen durchsetzt, die die Kontinuität nicht auflösen, sondern bestätigen, solange sie »im Rahmen« (sozial im Sinne Goffmans[5], narrativ im Sinne Lotmans[6]) bleiben. Tatsächlich verweist dieser letzte Aspekt auf eine mögliche soziale Funktion des Dispositivs Kino (einschließlich Kinofilm), nämlich der Kontinuität der Ich-Erfahrung und des Alltags die ungestrafte, weil grundsätzlich folgenlose Identifikation mit dem Ich als einem »Anderen« und das ereignishafte Durchsetzen der Lebenskontinuität mit imaginären Abenteuern zu ermöglichen. Spiegelbildlich dazu funktioniert die Umkehrung, daß die schockförmige Großstadtwahrnehmung, die Erfahrung der lebenspraktischen Diskontinuitäten und Gefährdungen im Kino imaginär wiederholt und auf die Sicherung narrativer Kontinuität zurückgeführt werden können. »Heile Welt«-Filme und »Katastrophenfilme« sind zwei Seiten derselben Medaille.

Beide Aspekte setzen eine sozialhygienische Funktion[7] der Kinoerfahrung durch das Kinopositiv zur sozialen Realerfahrung ebenso in Beziehung, wie das vorher schon im Vergleich der dispositiven Struktur der Wahrnehmungsweisen geschehen ist. Die Annahme einer solchen Interdependenz schließt ein, daß hier jeweils Wechselwirkungen zwischen der dispositiven Struktur des Kinos und von Realwahrnehmungen und zwischen sozialen und fiktionalen Erfahrungen stattfinden.

Zweitens. Die Krise des Kinos seit den sechziger Jahren hat zwei Seiten: Nicht nur ist das Kinopublikum zunehmend ausgeblieben, sondern auch die Filme haben das Kino verlassen, das Kino hat sein Monopol auf den Film verloren, Filme sind auch über andere Kanäle einem Publikum erreichbar und werden heute tatsächlich in der Mehrzahl über das Fernsehen und über das Home-Video rezipiert.

Es war ein Filmemacher, nämlich Edgar Reitz, der im Maiheft 1968 der Zeitschrift »Film« verkündet hat: »Der Film verläßt das Kino«.[8] Denn: »das ›Lichtspieltheater‹, jene kleinbürgerliche Verballhornung des hauptstädtischen Sprech-Theaters, ist historisch zu Ende. Ich erinnere mich, daß Haro Senft vor Jahren vom ›großen, dunklen Mutterschoß des Kinos‹ sprach. Auch Kluge glaubte an den großen, abgedunkelten Raum und die Wirkungen, die in dieser Höhle möglich sind und die das Fernsehen z. B. nicht haben kann.« Trotzdem hat Edgar Reitz den Exodus des Films aus dem Kino propagiert, nicht um ihn dem Fernsehen anzudienen, sondern um der »kleinbürgerlich-kapitalistischen Institution des Kinos [. . .] das improvisierte Gelegenheits-Kino entgegen[zuhalten]«. Dahinter steht der frappierende Gedanke, »daß Film nicht auf Kino und Fernsehen angewiesen ist«. Billige Super-8-Filme und später Videobänder sollten überall von jedermann produziert und projiziert werden können; die Dokumentation ästhetischer, später vor allem politischer Ereignisse im Medium Film oder Video sollte den Kinofilm als Ereignis ein für allemal ablösen.

Es geht nicht darum, womöglich schadenfroh festzustellen, daß die Euphorie der außerinstitutionellen Medien nur kurz gedauert hat, und die meisten schnell wieder in den Mutterschoß des Kinos oder zum Apparat des Fernsehens zurückgekehrt sind, um lauthals

Forderungen an diese Institutionen zu stellen; wesentlich ist das Symptomatische, das sich in dieser Bewegung ausdrückt, mit der der Film ja in der Tat begonnen hat, die Kinos zu verlassen.

Das Symptom deutet auf einen grundsätzlichen Wandel der gesellschaftlichen Wahrnehmungsdispositive.

- Die Grenze zwischen ästhetischem und sozialem Raum, oder allgemeiner zwischen Fiktion und Realität, hat sich aufgelöst, genauer, sie hat sich hinter die Bilder verlagert.
- Die jeweils aktualisierte »communio socialis« der Kinozuschauer hat sich in ein disperses und daher nur virtuelles Massenpublikum vor Fernsehschirmen aufgelöst, das sich nicht mehr als sozialer Körper im Sinne Roland Barthes' (mit all seiner sinnlichen, quasierotischen Präsenz) erfährt, sondern ohne gemeinsamen Raum sich nur noch aus der Gleichzeitigkeit der Rezeption von Fernsehprogrammen konstituiert. Im Grunde ist die Rezeptionssituation direkt umgekehrt: das Publikum ist imaginär, umso realer ist das sich selbstreferentiell behauptende Bild, das erst seinen Zuschauer konstituiert. Umso beliebter sind Zuschauer im Bild, weil sie dort, in der Sportschau oder Talkshow nicht als abstrakte Prozentzahl der Zuschauerbeteiligung oder imaginärer Adressat, sondern scheinbar »wirklich vorhanden« sind.
- Fernsehgerät und Wohnstube bilden keine Grenze mehr zwischen einem sozialen und einem ästhetischen (Bild-)Raum: die Wohnstube bildet vielmehr mit dem Fernsehgerät eine Art Environment, in dem nur scheinbar zwanglosere Beziehungen als zwischen Leinwand und Kinoraum herrschen. Tatsächlich hat sich der Bildraum den Lebensraum erobert, ist die Wohnstube zum erweiterten ästhetischen Raum des Fernsehens geworden, den das Fernsehen als sozialen Raum behauptet: Familienserien wie früher die »Schölermanns« und »Hesselbachs« (zum Eingewöhnen) und heute »Dallas« und »Denver« sind nur die vordersten Markierungen eines gewaltigen und gewaltsamen Apparates zur Strukturierung des sozialen Imaginären. Für Roland Barthes ist das Fernsehen daher die »konträre Erfahrung: beim Fernsehen, das ebenfalls Filme vorführt, keinerlei Faszination: hier ist das Schwarz gelöscht, die Anonymität verdrängt; der Raum ist familiär, artikuliert (durch die Möbel, die gewohnten Dinge), dressiert: [...] durch das Fernsehen sind wir zur Familie verdammt, deren Hausgerät es geworden ist, so wie es einst der Herd war, umrahmt von dem Kochgeschirr«, und auf dem, könnte man ergänzen, heute der Alltagsbrei ideologischer Nahrung zubereitet wird.

- Was bedeutet es schließlich, wenn von Jean Baudrillard behauptet wird, daß man »das Prinzip der Referentialität des Bildes [radikal in Zweifel ziehen muß], jene strategische List, mit der es immer wieder den Anschein erweckt, sich auf eine reale Welt, auf reale Objekte zu beziehen, etwas zu reproduzieren, was ihm logisch und chronologisch vorausliegt. Nichts von alledem ist wahr. Als Simulacrum geht das Bild dem Realen vielmehr voraus, insofern es die logische, die kausale Abfolge von Realem und Reproduktion umkehrt.«[9] Es sind die Bilder des Fernsehens, die erst realisieren und zu einem erfahrbaren Ereignis im Sinne des Fernsehens (einem ausschließlichen Sinn) machen, was durch das Fernsehen strukturiert ist. Ein Fußballspiel, eine Konferenz, eine Olympiade, aber auch eine Katastrophe und ein Krieg existieren nur noch als Ein-bild-ungen des Fernsehens, das, weil es ihre Bilder gibt, auch ihre Existenz in dieser Form der Repräsentation beweist. Wer, der in irgendeiner Weise auf die soziale Semantik seines Tuns abhebt, kann noch die Referentialität seines Handelns behaupten, ohne daß die Medien diese verbürgen? Walter Jens, der Tübinger Rhetoriker und Moralist, hat kürzlich zum Medienspektakel einer Geiselnahme auf die Frage: »Hat sich unsere Welt durch das Medium Fernsehen in ihrer Wertordnung verändert?« gesagt: »Sicherlich. Für uns ist der Vietnamkrieg oder die Entführungsaffäre jetzt ein Spiel. Die Wirklichkeit hat sich radikal ästhetisiert [. . .] Und auf der anderen Seite ist ein so knalliger Wildwest-Film längst zur Realität geworden. Wir haben die Grenzziehung zwischen dem, was Spiel und schöner Schein ist, und dem, was brutale Wirklichkeit ist, den haben wir aus den Augen verloren.«[10]

Wenn es zutrifft, daß die Rezeption von Fernsehprogrammen in der Verlängerung desselben ästhetischen Raumes geschieht, der sich als sozialer durchsetzt, dann müssen auch die Wahrnehmungsstrukturen beider Räume homolog sein; d.h. der inneren Diskontinuität des Fernsehprogramms (Stichworte sind: Magazin-Charakter, Scherbenhaufen etc.) entspricht eine diskontinuierliche Rezeption, die nur noch durch die globale Kontinuität des Fernsehprogramms rund um die Uhr und rund um die Welt überwölbt und zusammengehalten wird. Es kann nicht mehr um die faszinierte narzißtische Identifikation mit sich selbst im Spiegelbild des »Anderen« gehen (wie es Roland Barthes beschrieben hat), sondern um die Identifikation mit einer sozialen Situation, die eine ästhetische geworden ist (Walter Jens) und die eigene Realität des Zuschauers als Ein-bild-ung des Fernsehens endgültig mißversteht.

Kinofilme wirken im Fernsehen oft merkwürdig platt, weil ihnen der ästhetische Raum fehlt, zu dem sich das Fenster der Leinwand öffnen soll, und von dem nur ein Guckloch geblieben ist. Das Identifikationsangebot wirkt häufig »obszön«, Großaufnahmen von Gesichtern deplaziert, weil sie im Sinne des Wortes ursprünglich auf eine andere Szene, auf einen anderen Ort verwiesen haben, den das Fernsehen nicht mehr bietet (ich denke etwa an »Woman in the Window« von Fritz Lang). Dagegen sind die Pin-up-Girls der »Männermagazine« im Fernsehen von vornherein »zu Hause«, weil sie sich umstandslos auf dem heimischen Sofa zu räkeln scheinen und sich zum stimulierenden Gebrauch anbieten.

Während Kinofilme in der Tat im Fernsehen fehl am Platze sind[11], haben Filme, die auch im Kino laufen, sich aber vor allem auf dem Bildschirm amortisieren, eine veränderte, an die neuen Rezeptionsbedingungen angepaßte Struktur. Ein Film wie »Indiana Jones« von Steven Spielberg (und viele weitere Filme dieses und anderer Regisseure des sogenannten postmodernen Films) nutzen einerseits auf der visuellen Ebene aggressiv die große Leinwand des Kinos, während ihre diskontinuierliche narrative Struktur und wahnwitzige Beschleunigung, die in der fixierten Wahrnehmungsposition im Kino nicht rezipierbar sind, auf dem Fernsehschirm und Video-Monitor ebenso diskontinuierlich rezipiert werden können, ohne daß ein Sinn, der in einer kontinuierlich erzählten Geschichte liegen könnte, verlorenginge (hierin dem »Idealtyp« Dallas vergleichbar, der schon gar nicht mehr den kontinuierlichen Zuschauer voraussetzt, sondern mit dem »Zapper« zwischen den Programmen rechnet, der in den USA die Werbung »wegdrückt« oder in Europa zwischendurch vielleicht die Fußballresultate auf dem anderen Kanal verfolgt ...). Zugleich kommt die Geschwindigkeit von rasend schnell aufeinanderfolgenden Wahrnehmungspartikeln Eingriffen in die Videowiedergabe mit der Fernbedienung zuvor, durch die zu langsame und daher langweilige Partien »weggedrückt« werden.

Polymediale Filme, die sich heute in allen Medien amortisieren müssen, sind durch die Heterogenität ihrer ästhetischen Struktur gekennzeichnet, die sie sowohl auf der Kinoleinwand als auch auf dem Fernsehschirm und dem Video-Monitor rezipierbar machen muß. Nicht mehr der einzelne Film an der Grenze zwischen sozialem und ästhetischem Raum, sondern die Ubiquität der Bilder, das Programm, das Gesamt des Realen als Simulacrum stellen das schein-homogenisierende Feld, in das sich die Ein-bild-ungen fügen. Mit McLuhan ist das die Idee der Welt als elektronisches Dorf, wo die Wohnstube und der Fernseher und der Monitor zur trauten Heimat zusammengeschlossen wird.

Drittens. Kann man die Kirche, das Kino in diesem Fall, in diesem Dorf lassen, sich das Kino in der Medienlandschaft vorstellen? Ich bin vollkommen sicher, daß es das Kino weiterhin geben wird –, nicht dasselbe Kino, sondern ein anderes, das dabei ist, sich an die veränderten Bedingungen anzupassen. Die Parzellierung der Kinos in eine Vielzahl kleiner Räume, von denen zurecht gesagt wurde, daß sie das Kinoerlebnis nicht mehr vermitteln können, war als Zerstörung der Kinokultur zu bedauern. Als Reaktion auf die veränderten Wahrnehmungsweisen war das vollkommen konsequent und bloß ein Übergangsstadium, dessen Ende sich jetzt abzeichnet. Die Zukunft gehört dem Brüsseler »Kinepolis«, wo in 23 Sälen mit insgesamt 7000 Plätzen inhaltlich und zeitlich aufeinander abgestimmte Programme ablaufen. Solche Kinos sind Teil eines Unterhaltungsparks, wie sie zur Zeit zum Beispiel rund um Paris entstehen (Asterix-Park im Norden, Disney-Land im Südosten mit der postmodernen Kulissen-Vorstadt Marne-La-Vallée als Wohnzentrum, das bruchlos in die Unterhaltungsarchitektur der Kinos, Theater, Schwimmbäder, etc. übergeht). In diesen Unterhaltungszentren ist ein Film eine Attraktion unter vielen anderen, die wahlweise und diskontinuierlich rezipiert werden können. Schon hört man von einer neuen Spezies postmoderner Kulturkonsumenten, die das (Fernsehprogramm-)»Zapping« auch in Kinos, Restaurants und auf Parties praktizieren: »Der fliegende Wechsel von Leinwand zu Leinwand gehört zu den verschiedenen Spielarten einer akuten Zeitgeist-Erscheinung. Der Spuk hat einen Namen: ›Hopping‹ [. . .] Hopper sammeln Höhepunkte.«[12]

Cinéasten, die schockiert sind von Vorstellungen dieser Art, mögen sich damit trösten, daß es auch der Filmkunst im Kino besser geht, wenn das Kino insgesamt floriert, und daß unter 23 Kinos die Chance, daß in einem auch Klassiker der Filmgeschichte oder Experimentalfilme gezeigt werden, größer ist; aber sie mögen sich auch erinnern, daß Mickey-Mouse im Kino selbst und für das Kino entstanden ist, bevor das Kino im Disney-Land seine eigene Wirklichkeit konstituiert hat; schließlich ist das Kino mit dieser Entwicklung auch an seinen Ursprung im Vaudeville-Theater oder auf dem Jahrmarkt, wo es eine Attraktion unter anderen war, (auf einer höheren Ebene) zurückgekehrt. Erst der Tonfilm hat das Kino ganz für sich allein gehabt, bis dahin mußte es der Film mit anderen Vorstellungen wie Revuen, Tiller-Girls, Zauberern und Musikanten teilen. Vielleicht werden wir uns eines Tages an die einsamen Stunden in den dunklen Höhlen schaudernd oder mit Kopfschütteln erinnern, während wir im Kinopark am Kinoflipper im lustigen Wettstreit mit anderen Teilnehmern uns »Casablanca« in Videocolor ansehen und ausprobieren, ob Bogy nicht doch besser das Flugzeug mit Ingrid bestiegen hätte ... Möglich scheint alles zu sein, und vieles zeichnet sich bereits ab.

Anmerkungen

1 Schrape, Klaus u. Martina Kessler: Film-Fernsehen-Video. Programmbedarf bis zum Jahr 2000. - In: Media-Perspektiven, 1988/9, S. 541

2 Barthes, Roland: Beim Verlassen des Kinos. - In: Filmkritik 235, 1976/Juli, S. 290–293. - (Zuerst in: Communications 23, 1975, S. 104–108)

3 Das »Bild der Dinge [ist] auch das ihrer Dauer, eine sich bewegende Mumie.« (André Bazin: Ontologie des fotographischen Bildes. - In: ders.: Was ist Kino? Bausteine zur Theorie des Films. - Köln 1975, S. 251)

4 Deleuze, Gilles: L'image mouvement, L'image temps. - (2 vol.) - Paris 1983 und 1985

5 Vgl. Goffman, Erving: Rahmen-Analyse. Ein Versuch über die Organisation von Alltagserfahrungen. - Frankfurt 1980

6 Lotman, Jurij: Die Komposition des Wortkunstwerks: 1. Der Rahmen. - In: ders.: Die Struktur des künstlerischen Textes. - Frankfurt 1973. - S. 315ff

7 Felix Guattari zum Beispiel hat den Kinofilm die »Couch des Armen« genannt (In: ders.: Mikro-Politik des Wunsches. - Berlin 1977, S. 82–99)

8 Reitz, Edgar: Der Film verläßt das Kino. - In: Film 1968/Mai, S. 1–2

9 Baudrillard, Jean: Jenseits von Wahr und Falsch oder Die Hinterlist des Bildes. - In: Bachmeyer, van de Loo, Rötzer (Hrsg.): Bildwelten - Denkbilder. - München 1986, S. 265

10 Jens, Walter: Wir sind bildgläubig geworden, weil wir von einer falschen Objektivität ausgehen. - In: Funkreport 35, 1988/1. September, S. 4

11 (An Heinz Ungureit gerichtet:) Gemeint sind Filme, die für das Kino gemacht sind; oder würden Sie wirklich darauf bestehen, daß man »Ben Hur«, »Vom Winde verweht«, »Doktor Schiwago«, etc. im Fernsehen »sehen« kann, obgleich diese Filme beliebte Fernsehprogramme gewesen sind? Statt die Phänomenologie des Erfolges zum allzu breiten Kamm zu machen, über den alles geschoren werden kann, sollte man fragen, warum Zuschauer sich mit dem Fernsehen (in diesem Fall) zufriedengeben (das Fernsehen jedenfalls sollte sich mit diesen Zuschauern nicht zufriedengeben). Ohne Zweifel gibt es Filme, die sowohl im Kino als auch im Fernsehen »ansehnlich« sind, und es werden immer mehr, aber auch mehr andere Filme sein, darauf geht meine weitere Argumentation ein. (Diese Fußnote bezieht sich auf eine heftige Intervention des stellvertretenden Programmdirektors des ZDF, Heinz Ungureit, gegen die Bemerkung des Verfassers, daß Kinofilme im Fernsehen »nichts zu suchen« hätten).

12 Nikolaus, Frank: Von Höhepunkt zu Höhepunkt. Das neue Credo: Wer hoppt, hat mehr vom Leben. - In: Brigitte 23, 1988, S. 156–157

Biografien

CHRISTIAN BERGER, arbeitet seit 1968 als freier Kameramann. War zwölf Jahre als Bildberichterstatter tätig, ab Mitte 1970 auch als Autor und Regisseur. 1973 Gründung der Produktionsfirma TTV. Filme: 1984 »Raffl« (Regie und Kamera). 1989 »Hanna, Monster Liebling«.

WERNER FAULSTICH, Abschluß des Universitätsstudiums in Frankfurt 1973, Habilitation in Tübingen. Lehrtätigkeit im Fachbereich Medien/Öffentlichkeitsarbeit an der Universität Lüneburg. Zahlreiche Publikationen, z. B. »Filminterpretation - Filmanalyse interdisziplinär« (1988), u. a. Herausgeber der neuen »Fischer Filmgeschichte« (zus. mit H. Korte). Mitglied der Gesellschaft für Filmtheorie.

WOLFGANG GLÜCK, 1929 in Wien geboren. Adolf-Grimme-Preis für die didaktische Fernsehserie »Reden und reden lassen« (Südwestfunk). »Schüler Gerber« (Regie, 1980) und »38 - auch das war Wien« (Regie, 1986). Zahlreiche Fernsehspiele in der BRD und Österreich. Viele Theaterinszenierungen. Mitglied der Gesellschaft für Filmtheorie.

ROMAN HUMMEL, Lehrbeauftragter an den kommunikationswissenschaftlichen Instituten Wien und Salzburg, Sekretär der Arbeitsgemeinschaft Publizistik und Medien.

JOACHIM PAECH, Professor für Medienwissenschaft in der Fachgruppe Literaturwissenschaft der Universität Konstanz. Mitglied der Gesellschaft für Film- und Fernsehwissenschaft (Berlin) und der Gesellschaft für Filmtheorie (Wien). Mitarbeiter bei »epd« und »film theory«. Veröffentlichungen zu Theorie und Praxis der Filmanalyse, Kultur- und Wahrnehmungsgeschichte des Films, Geschichte und Didaktik der Beziehung Literatur - Film.

KARL SIEREK, Lehrbeauftragter für Filmtheorie und Medienanalyse an der Hochschule für Musik und darstellende Kunst in Wien, Abteilung Film und Fernsehen, und am Institut für Publizistik der Universität Wien. Vorlesungen und Seminare u. a. an der Meisterklasse für Bühnen und Filmgestaltung (Wien), am Institut für vergleichende Literaturwissenschaft (Innsbruck) sowie an der Deutschen Film- und Fernsehakademie (Berlin). Mitglied der Gesellschaft für Filmtheorie.

BERNHARD SINKEL, 1940 in Frankfurt geboren, nach dem Abitur Jurastudium in München und vorübergehend Tätigkeit als Rechtsanwalt. Ab 1972 gemeinsam mit Alf Brustellin Arbeit für den Film. Mitbegründer der U.L.M.-Filmwerkstatt. 1975 erster Spielfim »Lina Braake«; 1978 Filmband in Gold für die Konzeption zu »Deutschland im Herbst«. TV-Verfilmung »Bekenntnisse des Hochstaplers Felix Krull« (1981) und »Väter und Söhne« (1984/85). Deutsch-amerikanische Koproduktion »Hemingway« (1987/88).

HEINZ UNGUREIT, 1931 in Bockum-Hövel geboren, Studium in Münster/Westf., freie journalistische Arbeit, Feuilletonredakteur der »Frankfurter Rundschau«, von 1966–1976 Mitglied, dann Leiter der ARD-Filmredaktion, ab 1976 Leiter der Hauptredaktion Fernsehspiel und Film beim ZDF, ab 1985 stellvertretender Programmdirektor des ZDF.

REGINA ZIEGLER, geboren 1944 in Quedlinburg. Nach dem Abitur ein Semester Jurastudium. Wirtschaftsdolmetscherausbildung in Englisch. 1965 Redaktionsassistentin beim SFB (Abteilung Kultur und Gesellschaft), 1969 Produktionsassistentin beim SFB. Seit 1973 freie Produzentin. Über hundert Filme für Kino und Fernsehen.

SIEGFRIED ZIELINSKI, Lehrtätigkeit am Institut für Kommunikations-, Medien- und Musikwissenschaft an der TU Berlin und am Institut für Publizistik der Universität Salzburg. Forschungsgebiete: Geschichte, Theorie und Praxis der audiovisuellen Medien. Zahlreiche Veröffentlichungen, u. a. »Zur Geschichte des Videorecorders« (1986), »AudioVisionen - Kino und Fernsehen als Zwischenspiele in der Geschichte« (1989).